U0572365

本丛书得到何东先生独资赞助

This series of books is financially supported exclusively
by Mr. Eric Hotung.

20世纪中国文物考古发现与研究丛书

吴越文化

冯普仁／著

文物出版社

一　武进淹城城址

二　苏州真山大墓远眺

三　鸟盖铜扁壶（丹徒大港母子墩墓出土）

四　双兽三轮铜盘（武进淹城出土）

五　原始青瓷卣（江阴周庄出土）

六　伎乐铜屋模型（绍兴 306 号墓出土）

七 玉镇（绍兴印山越王陵出土）

八 绍兴印山越王陵墓坑和墓室

20 世纪中国文物考古发现与研究丛书

序 / 张文彬

俗称"锄头考古学"的田野考古学的诞生以及中国考古学学科体系的基本完善，由此而引起的古物鉴玩观赏著录向科学的文物学的转变，是 20 世纪中国学术与文化界的大事。它从材料与方法两个方面彻底刷新了持续了数千年之久的中国古代史学传统，不但为中国学术界和文化界开拓出更加广阔的研究天地，也为一切关心中华民族悠久历史和灿烂文明的人们不断地提供了可贵的精神滋养和力量源泉。

仰古、述古、探古，进而考古，向来为我国传统文化中一个明显的学术特点。先秦时期诸子百家发其端，汉代司马迁撰写《史记》，北魏郦道元作注《水经》。他们对相关的遗迹遗物，尽可能地做到亲自考察和调查，既能辨史又可补史。这种寻根追源的治学态度，为后世学术上的探古、考古树立了榜样。此后，山河间的访古和书斋式的究古相继开展，特别是对古器物的研究，成了唐、宋时期的文化时尚。不少学者热衷于青铜铭文、碑刻、陶文、印章等古文字的考释，进而有了对器物的辨伪鉴定、时代判断、分类命名等，逐渐兴起了一门新的学问——金石学，涌现出许多著名的古器物鉴赏家和收藏家。只是囿于当时的历史条件，金石学家们无法了解所见文物的出土地点和情况，也难以涉及史前时代漫长的演进历程，因而长期以来始终脱离不了考证文字和证经补史的窠臼。即使如此，他们的艰辛努力和取得的成绩，还是为推动我国传统文化的发展起到了积极作用，并且在事实上也为中国考古学和中国文物学的起步铺设了最早的一段道路。

20世纪初，近代考古学由西方传入。中国学者继承金石学的研究成果，学习并运用西方考古学方法，开始从事田野考古，通过历史物质文化遗存，探寻和认识古代社会，揭示人类社会发展规律。早在1926年，中国学者就自行主持山西南部汾河流域的调查和夏县西阴村史前遗址的发掘。随后，我国学者同美国研究机构合作，有计划地发掘周口店遗址，发现了北京猿人。从1928年起至1937年，连续十五次发掘安阳殷墟遗址，取得了较大收获，引起了国内外学术界的重视。自20世纪50年代以后，随着国家大规模经济建设的进行，田野考古勘探、调查和科学发掘工作在全国范围内蓬勃有序地开展，许多重要的典型遗址和墓地被揭露出来，重大发现举世瞩目。它们脉络清晰，层位分明，文化相连，不仅弥补了某些地域上的空白，而且衔接了年代上的缺环，为研究中国古代史、文化史、科学史以及其他学科领域，提供了珍贵、丰富的实物资料，极大地影响着人文社会科学诸多学科专业的研究与发展。这段时间被学术界称为中国考古学的黄金时代。在马列主义理论指导下，具有中国特色的考古学理论体系和方法论逐渐形成。有关研究成果不仅极大地改变和丰富了人们对中国文明起源、中国古史发展等重大问题的认识，同时也扩展了中国文物的研究领域和研究方式。可以说，考古学的发展与进步，直接影响到文物学的形成与发展，而且影响到全社会对文化遗产重要作用的认识以及世界学术界对中国古代文明的重新认识。

从20世纪80年代开始，文物界就中国文物学的创立，逐渐取得共识，在共同探讨的基础上，初步形成了学科体系。不少学者发表了有关论文，出版了专著，就文物的历史价值、科学价值、艺术价值以及在社会主义的物质文明与精神文明建设中如何对文物进行有效保护、合理利用发表意见。这些研究成果已获得学术界的赞同。

在这世纪之交和千年更替之际，对中国考古学和中国文物事业作一次世纪性的回顾和反思，给予科学的总结，是许多学者正在思考和研究的问题。如果能通过梳理20世纪以来重大发现和研究成果，透视学科自身成长的历程，从而展望未来发展的方向，以激励后来者继续攀登科学高峰，无疑是一件很有意义的事。为此，经过酝酿、商讨和广泛征求意见，我们约请一批学者（其中有相当多的中青年学者）就自己的专长选择一个专题，独立成篇，由文物出版社编辑出版一套《20世纪中国文物考古发现与研究丛书》，并以此作为向新世纪的献礼。

从某种意义上说，《20世纪中国文物考古发现与研究丛书》是一套学科发展史和学术研究史丛书。其内容包括对20世纪考古与文物工作概况的综合阐述；对一些重要的考古学文化和古代区域文化研究情况的叙述；对文物考古的专题研究；对重要的文物考古发现、发掘及研究的个例纪实。

此套丛书的内容面广，而且彼此关联。考虑到各选题在某些内容上难免会有重叠或复述，因此在编撰之初，我们要求各选题之间互有侧重，彼此补充，以期为读者了解 20 世纪中国考古学和文物学的发展提供更多的视角。

我国的文物与考古工作，虽在 20 世纪得到了迅速发展，但仍有许多重大学术问题需要进一步探索。我们主持编辑这套丛书，除了强调材料真实，考释有据，写作态度严谨求实外，也不回避以往在工作或研究上曾经产生的纰漏差错和不足之处，以便为今后的工作和研究提供借鉴。虽然我们尽了很大努力，但限于水平，各篇仍很难整齐划一。由于组稿和作者方面的困难和变化，一些计划之中的题目也未能成书。这些不周之处，敬请专家、学者和广大读者批评指正。

在丛书编印过程中，我们得到了文物、考古界的广泛支持。何东先生在出版经费上给予了热情帮助。在此，一并深表感谢。

2000 年 6 月于北京

目　　录

插 图 目 录

前言

吴越地区是中华文明的重要起源地之一，是中国东部长江下游的古代文明中心。吴越文化与长江中游的楚文化和长江上游的巴蜀文化并称为长江流域古代三大文明。吴越文化是多元一体的中华文化的重要组成部分。

（一） 吴越文化的概念

吴越文化是东周时期长江下游的一种考古学文化，也就是中国古代吴越民族所创造的一种有自身特征的文化遗存。"这种文化遗存有一定的时间范围、一定的空间范围、一定的族属范围以及一定的文化特征内涵，在这四个方面中，一定的文化特征内涵是最重要的"[1]。它包含着地域、国家、民族、文化等四个相互关联又互相区别的概念。其中前三者是因时而异的。

吴越地区指长江下游地区，地处江南水乡，相当于今天的江苏、浙江两省和上海市，还包括了安徽南部和江西东北部，长江、太湖、钱塘江和黄海、东海将吴、越连成一片，太湖平原和钱塘江南的宁绍平原是孕育吴越文化的摇篮，以致号称"三万六千顷"的太湖有"包孕吴越"之美称。这一地区具有古老而发达的史前文化体系。在夏王朝建立以后，长江下游地区的古代文化发生了重大变化，土著文化发展线索中断，外来文化因素明显增加。

春秋时代，长江下游崛起吴、越两个强国。吴国为周族姬姓的诸侯国，传为周太王古公亶父子太伯、仲雍南奔荆蛮所创建，周武王封其后裔周章为吴君。春秋时期传至第十九世寿梦时始称王，国势逐渐强大。"西破强楚，北威齐晋，南服越人"[2]，雄霸东南，逐鹿中原。越国是夏王少康的苗裔，为姒姓。越人自称"于越"。《史记·越王勾践世家》记载了越王勾践称王以前的诸世系。春秋时期，越国日益强大，《国语·越语》记载："句践之地，南至于句无，北至于御儿，东至于鄞，西至于如蔑，广运百里。"吴越两国之间进行长期的兼并战争，并北上与齐晋诸侯会盟，成为中原的霸主而闻名于世。公元前473年，越灭吴。进入战国时期，越国国势渐衰。公元前334年越国为楚国所灭。

我国古代对南方民族总称为蛮、蛮夷或南蛮。商周时期长江下游地区的民族被称为荆蛮。《史记·吴太伯世家》记载："太伯、仲雍二人乃奔荆蛮，文身断发，示不可用，……太伯之奔荆蛮，自号句吴。荆蛮义之，从而归之千余家，立为吴太伯。"关于吴越民族的族属，目前还存在着多种不同的看法。除荆蛮说外，多数学者认为吴越两国以越族为主体，具有共同的语言和习俗，应为同一民族或同一部族的两个分支。吴国除主体为越族外，还包括东夷族和来自中原的华夏族。越国地域内的民族除越族中的于越族外，还包括干越族和瓯越族。

就文化内涵而言，由于吴越两国由弱变强，又由盛变衰，吴越民族创造的文化也随之不断发生变化。因此，探索吴越文化，应该将其分成几个不同的发展阶段来进行研究。吴文化的上限从商末太伯立国开始，其下限为公元前473年为越国所灭。据文献记载，越国之兴大约晚于吴国立国半个世纪，春秋中期始见其与楚国会盟，战国中晚期被楚国所灭。探索吴越文化各自的渊源，寻找早期吴越民族文化及其活动范围，研究吴越文化遗存各自的特征及其发展演变，应该是吴越文化研究的重要组成部分。同时，吴越文化在其形成和发展过程中，与同它有关系的诸不同地区、不同文化之间的相互影响和相互作用，也应列入吴越文化的研究范围。

研究吴越文化的目的，在于探索吴越文化的形成和发展，从而研究中国古代文化演变的途径，揭示吴越文化在中国古代文明中的重要地位。因此，吴越文化研究不仅有着重要的学术理论价值，而且有利于我们继承发扬中华民族的优秀文化传统，具有十分重要的现实意义。

（二）吴越文化的发现与研究

吴越文化的研究，最早可追溯到东汉时期。赵晔《吴越春秋》和袁康的《越绝书》两书，是专门记述吴越两国历史和地理的著作。书中详载吴越两国城址和冢墓，是最早研究吴越文化的专著。唐代陆广微的《吴地记》、北宋朱长文的《吴郡图经续记》、清代崔述的《丰镐考信录》、阮元的《积古斋钟鼎彝器款识》等书，又为吴越文化的研究提供了新的资料。清代以来，吴越两国文物开始有所出土。清代乾隆年间（公元1736～1795年），江西清江和江苏常熟先后出土吴国青铜乐器者减钟和越国青铜乐器姑冯句鑃；清同治年间（公元1862～1874年），山西代州蒙王村又出土吴王夫差鉴，当时金石著作及地方志曾加以著录考释。著名学者王国维、商承祚等曾根据出土文物及文献史料开展了对先秦吴越历史的探索，但并没有对吴越文化进行专题研究。

吴越文化的发现与研究，开始于20世纪30年代，大体可以分为三个阶段。

第一阶段，30年代至40年代。吴越文化作为一个科学命题，是在20世纪30年代正式提出来的。在这之前，王国维、商承祚等学者根据考古出土实物，已经开始把文献史料与考古实物相结合，进行对先秦吴国历史的探索，但比较零星。1930年，江苏南京栖霞山张家库六朝墓的发掘过程中，发现了新石器时代文物和印纹陶片。同年在江苏仪征破山口发现一座被盗掘的西周古墓，出土青铜器多件。随后，在杭嘉湖一带调查发现了古荡、良渚、钱山漾等多处古文化遗址。1935年，卫聚贤、陈志良等人实地踏勘了江苏常州淹城遗址，获得了大批几何印纹陶片。同年，卫聚贤、蒋大沂等人又发现了上海金山戚家墩遗址。不久出版了陈志良的《淹城访古记》和金祖同的《金山访古记》。淹城和戚家墩遗址的发现，引起了史学和考古学界对吴越文化的普遍关注和重视。接着，卫聚贤在苏州发现吴城和越城遗址，认为是吴越两国所筑的城址。湖南长沙楚墓出土了越王州句剑。1936年8月底，"吴越史地研究会"在上海成立，由著名学者蔡元培任会长。研究会成立后，开展了一系列的工作，进行实地调查考察，推动了吴越文化研究的开展。研究会还出版了《吴越文化论丛》，掀起了吴越文化研究热潮。为适应这一学术研究需要，上海《时事新报》每周出版一期"古代文化"，刊登吴越文化研究文章。研究会又同江苏研究社合作编辑出版书籍，开展学术争鸣等等。由于抗日战争的爆发，吴越文化的研究被迫中止。抗战胜利后，上海学者多次对戚家墩遗址作考古调查。1948年初，杨宽、蒋大沂等学者组成田野考古团，对戚家墩遗址进行试掘。这一阶段，吴越地区的田野考古工作有了初步开展，是对吴越文化研究进行初步探索的阶段。

第二阶段，50年代至70年代初期。吴越文化研究进一步深化，对以文献考证为主的传统研究有所突破。伴随着大规模基本建设的广泛开展，吴越地区范围内发掘清理了一大批商周文化遗址和古墓葬，从而奠定了吴越文化研究的科学基础，极大地丰富了吴越文化研究的内容。50年代初，长江下游宁镇地区发掘了数处具有明显地方特征的古文化遗址，提出了"湖熟文化"的命名。1954年江苏丹徒烟墩山古墓出土了著名的"宜侯夨簋"，引起了全国史学界和考古学界的重视。接着安徽寿县蔡侯墓出土了吴王光鉴，为研究吴蔡两国关系提供了重要资料。50年代后期，安徽屯溪发掘的土墩墓中出土的青铜器，反映出西周时期吴国西南部地区已经受到周王朝及其文化的强烈影响。50年代末"良渚文化"的命名及"马家浜文化""崧泽文化"的相继确认，使人们对吴越地区史前文化有了进一步的认识。60年代中期至70年代初，江苏六合程桥先后发掘了春秋晚期的吴国贵族墓葬，出土了一批青铜礼乐器和兵器，墓内出土的铁器证实了春秋晚期冶铁技术已经出现。上海先后两次对戚家墩遗址进行发掘，并在考古学文化上确定了"戚家墩类型"是战国时代的越文化遗存。这些重要发现，使吴越文化研究取得了实质性的进展。此外，上海发掘了马桥遗址，随后提出了"马桥文化"的命名。该文化和浙江命名的"高祭台类型"，其年代正处于从良渚文化结束到吴越两国建立之间，为研究吴越两国立国之前的先吴与先越文化及其与中原地区青铜文化的关系提供了新的线索。自50年代末以来，在安徽、山西、山东、湖北等地陆续出土吴王剑、戈和越王剑、戈等兵器。在考古发现的基础上，考古学者对湖熟文化的面貌、时代、社会性质及其与周文化的关系，对吴国的青铜冶铸和吴地土著文化与中原商周文化的关系等问题进行了探讨，提出了许多独到的见解。

第三阶段，70年代中期至20世纪末。这一阶段吴越地区的考古获得了较快的发展，取得了丰硕的成果。考古发掘包括城址、墓葬、窖藏、窑址、矿冶遗址等方面。自80年代中期开始，江苏武进淹城先后进行五次发掘，确定了春秋晚期三城三河的形制。宁镇地区土墩墓和太湖地区石室土墩墓的发掘，找到了吴越文化的典型遗存，建立了吴越文化发展的基本序列。发掘了镇江、丹徒沿江一线北山顶、王家山、青龙山等春秋晚期吴国贵族墓葬，绍兴狮子山发掘了一座战国初期的越国贵族墓葬，出土了一批青铜礼器和玉器。90年代江苏苏州真山大墓和浙江绍兴印山越国王陵的发掘，是吴越文化考古学的一次重大突破。根据其墓葬结构、葬具和出土遗物，揭示了吴越王室的埋葬制度和丧葬习俗。江苏丹阳、苏州、无锡等地多次发现吴国青铜器窖藏以及吴县严山的吴国王室玉器窖藏，极大地丰富了吴文化研究的田野考古资料。这一阶段，吴越青铜兵器珍品不断发现，湖北江陵、襄阳、秭归，湖南益阳，安徽庐江、南陵，河南淮阳，山西榆社，山东沂水、邹县，陕西凤翔，江苏六合以及浙江绍兴等地皆出土了吴王、越王青铜兵器和青铜礼乐器。发现了浙江德清原始青瓷窑址、上虞印纹陶窑址。安徽铜陵、南陵古铜矿的发现，证明西周晚期吴国即已开始铜矿的采冶，为研究周代的采矿工艺提供了重要资料，也为研究中原周王朝在吴越地区拓展其势力的背景和原因提供了线索。90 年代上海马桥遗址又进行三次发掘，首次揭示了吴越立国前太湖地区的大型村落遗址面貌。

自 70 年代中期以来，为研究江南地区古代文化和古代文明的发展历程，先后在江苏南京和江西庐山召开"长江下游新石器时代文化学术讨论会"和"江南地区印纹陶问题学术讨论会"，推动了吴越文化研究的深入开展。70 年代末开始，江浙两省出现了吴越文化研究的学术团体和研究机构。1980 年，江苏吴文化研究会在南京成立，后改名为"江苏省吴文化学会"。同年，中国百越民族史研究会正式成立。随后，浙江省成立了"浙江省越国文化研究会"，并分别召开了多次学术讨论会和座谈会，内容涉及吴越文化的诸多方面。在吴越地区考古学者的共同推动下，吴越文化研究不论在研究范围还是理论方法方面，都取得了重大突破和飞跃发展。吴越文化研究已经成为国际性的学术问题。1986 年 5 月，美国洛杉矶举办的第四期"李氏考古美术讲座"主题是"中国古代的吴越文化与南越文化"，中国学者做了有关吴越文化的石室土墩墓和青铜农具、兵器的学术讲座。1992 年 8 月，吴越地区青铜器研究座谈会在上海博物馆举行，来自全国各地及美、英、日等国的专家学者，就吴越文化青铜器的时代、特点、铭文考释与周边国家青铜器的比较以及青铜器铸造技术等问题，进行了全面的深入探讨。在世纪之交，江苏南京召开"吴文化国际学术研讨会"，会议就吴文化的文化内涵、族属、城址、墓葬以及青铜、陶瓷、玉器等方面进行了深入的探讨。在江苏江阴召开的"江阴高城墩、佘城全国考古研讨会"上，与会专家学者就江阴高城墩遗址的年代、性质和吴地最早的青铜时代城址佘城的年代、文化面貌及其与早期吴文化的关系进行了讨论。目前吴越文化已经逐步建立起商周至春秋战国时期考古的分期框架，使吴越文化及相关的考古学文化关系的研究建立起可靠的年代标尺；以丰富的考古遗存为基础，在吴越文化区域范围内进行考古学分区研究有了初步的进展；在以吴越文化考古为主攻方向的同时，多学科的相互渗透与协作，使吴越文化的研究领域不断拓展，如对吴越两国采矿冶金史的研究，利用现代科技对吴越青铜兵器铸造工艺的研究，利用遥感技术对吴越范围内的古城及墓葬进行探查等。

80 年代以来，陆续出版了多部与吴越文化相关的研究专著，已出版的主要有李学勤著《东周与秦代文明》、董楚平著《吴越文化新探》、江苏省吴文化研究会编《吴文化研究论文集》、彭适凡著《中国南方古代印纹陶》、马承源主编《吴越地区青铜器研究论文集》、王振华著《古越阁藏商周青铜兵器》，殷志强、丁邦钧主编《东周吴楚玉器》，董楚平、金永平等撰《吴越文化志》，徐湖平主编《东方文明之韵——吴文化国际学术研讨会论文集》。古文字研究方面，对吴越两国铭器的整理研究多综合之作，有董楚平著《吴越徐舒金文集释》、张光裕、曹锦炎主编《东周鸟篆文字编》，施谢捷著《吴越文字汇编》。田野考古报告有苏州博物馆编《真山东周墓地——吴楚贵族墓地的发掘与研究》。此外，在《考古》、《文物》、《考古学报》、《东南文化》、《浙江学刊》、《东方博物》、《南方文物》、《文物研究》、《上海博物馆馆刊》、《古文字研究》等杂志上经常刊载有关吴越文化的发掘报告和研究论文。

回顾吴越文化发现与研究的历程，吴越文化研究在中国先秦时期考古学文化研究中是起步较早的，从 30 年代"吴越史地研究会"成立至 20 世纪末，已有近 70 年的历史。但从现状看，吴越文化研究的广度和深度不如楚文化和巴蜀文化。展望新世纪，吴越文化研究必将进一步深入，吴越地区在中华文明中的重要地位及其辉煌的成就将得到更加全面深入的展示。

注　　释

[1] 俞伟超《先秦两汉考古学论集》第 243 页，文物出版社 1985 年版。

[2]《史记·伍子胥列传》。

一

吴越文化渊源

关于吴越文化的渊源，目前学术界众说纷纭。吴、越两个国家的早期文化并不同源，春秋时期，长江下游的吴文化和越文化逐渐融合统一而成为吴越文化。

20世纪特别是其后半叶的考古发现证明，长江下游的吴越文化与中原黄河流域文化一样，是中国古代文明的源头之一。探索吴越文化的渊源，一方面要从长江下游地区的新石器时代文化着手，在现有大量考古资料的基础上，分析这一地区新石器时代不同区域、不同类型文化的发展序列；另一方面要在已确知的吴文化和越文化的基础上，根据其文化特征，追溯其更早阶段的文化，从而探索吴越文化各自的渊源。

（一）吴越地区的新石器时代文化

自20世纪70年代中期以来，考古工作者开始探索长江下游不同区域、不同类型的考古学文化。1976年，苏秉琦先生在"长江下游新石器时代文化学术讨论会"上，曾将这一地区的文化分为两块。一块以南京为中心，包括宁镇地区、连接皖南与皖北的江淮之间（如皖南屯溪、皖北肥西）以及赣东北部一角。另一块为太湖—钱塘江地区，即古吴越地区[1]。1981年，苏秉琦先生在《关于考古学文化的区系类型问题》一文中，将长江下游地区分为宁镇地区、太湖地区和宁绍地区三个区域[2]。同年年底，苏秉琦先生在中国考古学会第三次年会闭幕式的讲话中，进一步将长江下游的新石器时代文化划分为四块：一、皖南—宁镇地区，二、自常州以下的苏南地区（过去称作苏松地区），三、浙江北部（杭嘉湖），四、浙江东北部（宁绍平原）地区。上述四块都各自具有明显的相互区别的文化特征，四块之间的关系互不相同，比较突出的一点是，皖南—宁镇地区同其余三块之间的关系比较松散，后三块之间关系比较紧密[3]。

从吴国立国的早期疆域来看，吴地大致包括太湖地区和宁镇地区。现在分别分析这两个地区的考古学文化的发展序列，以探索吴文化的渊源。

太湖地区的史前文化，可以追溯到 1 万年前的三山文化。三山文化因 1985 年江苏吴县三山岛发现的旧石器和哺乳动物化石而得名。三山文化的发现，首次揭示了 1 万年前太湖地区史前文化的面貌[4]。太湖地区经过考古发掘的新石器时代遗址，太湖北部有江苏常州圩墩[5]、武进潘家塘[6]、寺墩[7]、乌墩[8]，无锡彭祖墩[9]、江阴高城墩[10]、祁头山[11]、张家港许庄[12]、徐家湾[13]，常熟罗墩[14]、钱底巷[15]，吴江梅堰[16]、龙南[17]、吴县草鞋山[18]、张陵山[19]、苏州越城[20]，昆山绰墩[21]、少卿山[22]、赵陵山[23]、上海青浦崧泽[24]、福泉山[25]、金山坟[26]，松江广富林[27]、汤庙村[28]、金山查山[29]、亭林[30]；太湖南部有浙江吴兴（今湖州）钱山漾[31]、邱城[32]，嘉兴马家浜[33]、双桥[34]、雀幕桥[35]、大坟[36]、南河浜[37]，嘉善大往[38]、桐乡罗家角[39]、普安桥[40]、海宁达泽庙[41]、杭州老和山（古荡）[42]、水田畈[43]、余杭良渚[44]、庙前[45]、吴家埠[46]、反山[47]、瑶山[48]、汇观山[49]、莫角山^[50]、卢村^[51]等。

　　根据上述考古资料，整个太湖地区新石器时代发展序列为马家浜文化——崧泽文化——良渚文化，脉络清晰。马家浜文化距今约 7000 ~ 6000 年，炊器以大口束颈圜底的腰沿釜为主。根据陶釜的形制，太湖地区的陶釜可分为马家浜—罗家角型、吴家埠—邱城型、圩墩—草鞋山型和祁头山型四种类型。稍晚又出现了大口罐形鼎。崧泽文化距今约 6000 ~ 5200 年，炊器由釜发展为鼎为主。早期以釜形鼎为主，还保存马家浜文化时期陶釜的形制，后期以大口平底盆形鼎为主。从崧泽文化时期开始，形成吴地的鼎、豆、壶的器物组合。根据器物特征，崧泽文化时期太湖地区遗存又可分为崧泽—草鞋山型、吴家埠型、龙南—双桥型和近长江的徐家湾—钱底巷型四个区块。大约距今 5300 年左右，环太湖地区的崧泽文化开始向良渚文化转变，太湖南北两区存在着两种不同的转变方式^[52]。在太湖北部地区，崧泽文化比较缓慢地渐变为良渚文化，陶器中虽出现鱼鳍足鼎、双鼻壶假腹豆等良渚器物，但陶器形态和风格特征仍明显地保留着崧泽文化因素，甚至到良渚文化中晚期，不少陶器仍具有浓厚的崧泽文化风格。而太湖南部地区在崧泽向良渚转变过程中，良渚式陶器在数量上占据主要地位，由崧泽向良渚转变过程中采取了突变的方式。良渚文化距今约 5200 ~ 4000 年。炊器仍以鼎为主，陶系以泥质黑皮磨光陶和夹砂灰黑陶为主，种类多样，器形有鱼鳍形或 T 字足鼎、假腹豆、贯耳壶、高把豆、圈足盘、袋足鬶等，石器制作精致，以琮、璧、钺为代表的礼仪玉器尤为发达。这一时期出现了人工砌筑的高台墓地和祭坛。良渚文化时期出现了多个聚落中心，浙江余杭的良渚遗址群、上海青浦福泉山、江苏昆山赵陵山和武进寺墩等遗址，都是良渚文化的聚落中心遗址。当时吴地已处于古国阶段[53]。

宁镇地区位于茅山山脉以西，包括皖南地区。经过考古发掘的新石器时代遗址主要有江苏南京北阴阳营[54]、锁金村[55]、太岗寺[56]、营盘山[57]，江宁昝庙[58]、前岗[59]，句容城头山[60]、丁沙地[61]，丹徒磨盘墩[62]，镇江左湖[63]，金坛三星村[64]，高淳朝墩头[65]、薛城[66]等。文化发展按照丁沙地早期文化遗存——北阴阳营文化——昝庙类型文化的序列发展[67]。各段的文化面貌差距较大，中间尚有缺环，没有直接的承袭关系。丁沙地早期文化遗存比较单纯，陶系以夹砂红陶为主，泥质红陶次之，另有少量的彩陶器。这一文化遗存中的陶釜和鸡冠耳罐与太湖地区马家浜文化同类器相同。四足磨盘与中原裴李岗所出同类器相似，时代与马家浜文化时期相当。北阴阳营文化具有自身的特征，石器中流行横长形多孔石刀，炊器以鼎为主，鼎的一侧常有角状把手或扁半环状把手，豆多敛口豆，纹饰以附加堆纹、压划纹、绚纹和条带状镂刻装饰为主，这些文化特征与太湖地区的新石器时代文化明显不同，而与其西南相邻的薛家岗文化[68]十分相似。北阴阳营文化的时代相当于太湖地区马家浜文化晚期到崧泽文化时期。昝庙类型文化陶系有夹砂红陶、泥质黑皮陶等，器形有陶鼎等，并有石锛、石刀、玉璜等。器物特征表现出太湖地区崧泽文化晚期和良渚文化早期的特征。在宁镇地区的边缘地带，由于受到周边相邻文化的影响，又表现出较为复杂的文化面貌。如江苏金坛三星村遗址地处宁镇丘陵与太原平原的交界处，文化内涵虽较复杂，但其自身特点仍很明显，反映出吴地东西两大块交汇地带的文化面貌。地处"古芙湖"之滨的高淳薛城遗址，其文化遗存颇具特色，可能代表了苏浙皖交汇地带山地与沼泽地交界区的一种新的文化类型。

皖南地区的新石器时代文化与宁镇地区的新石器时代文化关系密切。根据现有的考古发掘，主要存在着四类文化遗存，其文化发展序列依次为繁昌缪墩——宣城孙埠——繁昌洞山——泾县瑶庄[69]。繁昌缪墩遗址[70]的时代最早，陶器以夹蚌末和炭的红黑陶为主，并有少量的泥质陶，器类有釜、罐、壶等，其中泥质陶器上饰有戳印、篦点、贝纹等压印图案，与浙江桐乡罗家角马家浜文化的刻纹风格相同，其年代大体相当，距今约 7000 年左右。以宣城孙埠[71]为代表的文化遗存、以繁昌洞山[72]为代表的文化遗存和以泾县瑶庄[73]为代表的文化遗存，三类遗存的年代分别相当于北阴阳营文化、崧泽文化和良渚文化阶段，文化内涵与宁镇地区新石器时代文化更为相近，但相互之间缺环较大，其文化性质尚有待根据更多的考古发现作进一步的分析研究。

宁绍地区位于浙江杭州湾以南，以宁（宁波）绍（绍兴）平原为中心，这里是越文化的发源地。这一地区经过发掘的新石器时代遗址有余姚河姆渡[74]、鲞架山[75]、鲻山[76]，绍兴马鞍[77]、仙人山[78]、壶瓶山[79]，萧山跨湖桥[80]，宁波慈湖[81]、小东门[82]、沙溪[83]，奉化名山后[84]，象山塔山[85]等。目前各遗址中年代最早的是萧山跨湖桥遗址，陶器以夹砂陶、夹炭陶和粗泥陶为主，器形有釜、罐、盘等，圈足部分多见镂空和彩绘装饰，并有石器、木器和骨器。经 ^{14}C 测定，其年代距今约 7600 年左右。晚于萧山跨湖桥类型文化遗存的是河姆渡文化。宁绍地区的河姆渡文化与太湖及杭嘉湖地区的马家浜文化是两支并列发展的考古学文化。河姆渡文化可分为早晚连续的四期文化[86]，其文化发展序列为河姆渡一期文化——河姆渡二期文化——河姆渡三期文化——河姆渡四期文化，向后发展成良渚文化钱塘江南岸类型[87]。河姆渡一期文化距今 7000～6500 年。陶器以夹炭黑陶为主，器形有釜、罐、盆、钵、盘、豆、尊、盂等，并有石斧、锛、镞和骨耜、骨镞等。其中有肩有脊的敛口釜和敞口釜不同于马家浜文化的腰沿釜，而作为农业加工工具的石磨盘也是河姆渡文化区别于马家浜文化的重要特征。河姆渡二期文化距今 6500～6000 年。陶器种类和形制大多沿袭前期。河姆渡三期文化距今 6000～5500 年。杭嘉湖平原的马家浜氏族南下钱塘江南岸，共同参与宁绍地区的开发，以致在文化内涵上出现了马家浜文化风格的器物。有的学者将这一时期的文化称为"塔山文化"[88]，认为是河姆渡文化和马家浜文化两种文化传统在特定历史条件下的融合与变异。从此以后钱塘江两岸的史前文化出现了同步发展的趋势。河姆渡四期文化距今 5500～5000 年。这一时期宁绍地区的河姆渡文化传统因素与太湖地区的崧泽文化因素融为一体，部分陶器的基本风格与崧泽文化相同，但从总体上看仍然保持河姆渡文化固有的文化因素。距今 5000 年前后，宁绍地区受到太湖地区良渚文化的强烈影响，由本地的河姆渡文化和太湖地区的良渚文化汇合产生一种新的文化，在陶系和器物种类、形制上兼有两种文化的因素，但不见太湖地区良渚文化的玉礼器。有的学者称之为"良渚文化钱塘江南岸类型"，有的学者根据浙江奉化名山后遗址的地层叠压关系和出土遗物，将这一文化遗存命名为"河姆渡文化名山后类型"[89]或"良渚文化名山后类型"[90]。总之，宁绍平原的新石器时代文化有自己的文化渊源、特征和发展道路，至距今 5000 年前后的新石器时代晚期，宁绍地区的河姆渡文化与太湖地区的良渚文化逐渐融为一体，进入良渚（古国）文明。

良渚文化在古吴越地区发展中突然消失，有着自然和人为两方面的因素。从自然方面来说，根据太湖地区古气象研究，距今 4000 年左右，古太湖地区气候干凉，到距今 3885 ~ 3500 年时，气候变得温暖湿润，年降水量增加了 200 ~ 300 毫米[91]。雨量增多加上积水宣泄不畅，势必造成巨大的水患。一场特大的洪灾席卷大江南北。《孟子·滕文公下》记载："当尧之时，洪水横流，泛滥于天下。"考古发现太湖地区的吴江梅堰、袁家埭、大三璜和青浦果园等遗址的良渚文化层上都普遍覆盖着一层泥炭层，证明太湖平原在良渚文化后确曾被洪水淹没过。人为因素主要是北方外来人口和文化的侵入。1999 年至 2000 年上海松江广富林遗址出土的鼎、罐、瓮、豆、杯等陶器形态和装饰风格，与良渚文化陶器完全不同，源于豫东地区的龙山文化王油坊类型，随后被命名为"广富林文化遗存"[92]。正是这种"广富林文化遗存"为代表的外来的北方文化的侵入，将自己的文化顽强地移植于原良渚文化分布区内，从而造成了古吴越地区社会和文化的变迁，导致了良渚文化的衰亡。此外，还有战争的影响。有的学者认为太湖地区的良渚文化很可能就是我国古史传说时代的蚩尤部落集团[93]。蚩尤部落集团与黄帝战于涿鹿，战败受摧残。战争伤害也加速了良渚文化的消失。

（二）吴越文化形成的探索

长江下游良渚文化结束，正好与夏代开始的年代相接。史

籍记载古越族的始祖即夏族的一个支系。目前一般认为古吴越
地区西周以前的早期青铜文化是马桥文化，但是马桥文化与良
渚文化之间尚有缺环。对于晚于良渚文化和早于马桥文化的文
化遗存，有的学者称为"后良渚文化"[94]。其主要遗址有江苏
无锡仙蠡墩[95]、锡山公园[96]和浙江杭州老和山[97]等。陶器以
夹砂粗红陶为主，并有泥质红陶、灰陶、黑陶和极少量的印纹
软陶。器形有鼎、甗、罐、盘、杯等，其中绳纹釜形鼎、绳纹
束腰釜形甗、梅花形矮圈足盘、直口浅腹圜底盘、折腹凸棱圈
底盘和矮圈足直筒杯等都是颇具特色的器形。石器有方形凸刃
石钺、带柄三角形石刀、斜柄三角形石刀、半月形石刀、有肩
石锄、石镰等。这一文化遗存的发现，为寻找吴越文化的渊源
提供了重要资料。

　　马桥文化是太湖—钱塘江流域的早期青铜文化，因上海市
闵行区马桥遗址而得名，是相当于高祭台类型的早期文化遗
存[98]。这一文化遗存主要分布在环太湖地区和浙东北宁绍地
区，在浙闽赣交界的金衢盆地一带也有发现。经考古发掘的主
要遗址有上海马桥[99]、金山查山[100]和亭林[101]、奉贤江
海[102]、江苏越城[103]、无锡许巷[104]、江阴花山[105]、常熟钱
底巷[106]、浙江嘉兴雀幕桥[107]、嘉善大往[108]、杭州水田
畈[109]、绍兴仙人山[110]、宁波小东门[111]、象山塔山[112]、淳
安进贤[113]、江山肩头弄[114]等。马桥文化的年代，经[14]C 测
定，距今约3700～3100 年左右，与中原商代相当。陶器主要
包含泥质红陶、夹砂红陶和泥质灰陶三个陶系，泥质红陶数量
最多，器类主要是盛食器，有折沿弧腹罐、高颈罐、折沿弧腹
碗、敛口带把杯、鸭形壶、鸭形尊等，其特点是圜底内凹，大
部分通体拍印几何纹饰，纹饰有叶脉纹、席纹、方格纹、云雷

纹、篮纹等。夹砂红陶炊器有鼎和甗，还有圜底釜，均以饰绳
纹为主。泥质灰陶器形有簋、豆、尊、瓿、觯、盘、盉、刻槽
盆等，器表大多为素面，有的在肩腹部再印一圈云雷纹或鱼鸟
纹。石器有钺、有肩石斧、有段石锛、犁、矛、镞等，一般制
作比较粗糙。出现有刀、凿、镞等小件青铜器。

马桥文化的主体是本地良渚文化的因素，炊器多鼎，陶器
中的锥足釜形鼎、喇叭形圈足豆、簋、高圈足尊、瓦足盘和三
角形石犁、有段石锛、斜柄石刀、石镰等，都是直接继承了良
渚文化的因素。但是这一文化也包含了来自浙闽赣交界地带的
几何印纹陶文化和中原夏商文化的因素。马桥文化陶器盛行圜
底或凹底器，和江西清江（樟树）吴城、福建闽侯昙石山等
地的土著文化相一致，硬陶和原始瓷器也是源于闽赣地区。而
扁平三角形石镞与河南偃师二里头文化所出的形制相同，瓿、
觯等形制也与二里头文化近似，这类酒器上压印的带状云雷纹
的做法与河南郑州二里岗商代早期文化极为相似，反映出中原
夏商文化对古吴越文化的影响。

马桥文化时期，古吴越地区文化因素的相同性仍占主导地
位，属于同一个古吴越文化。但是古吴地和古越地存在着文化
相异性。根据两地的典型遗址，有的学者认为马桥文化可分为
马桥类型和塔山类型[115]。环太湖地区的马桥类型的炊器盛行
舌形足鼎，饰横绳纹。食器流行深盘圆腹豆，还盛行簋。酒器
中瓿、觯形制多样（图一）。浙东北宁绍地区的塔山类型炊器
流行侧装足釜形鼎，饰竖绳纹，并有素面鼎。陶豆把上带有凸
棱装饰，另外硬陶折腹圈足豆，把上刻划曲折纹，酒器种类很
少，仅见细长体的垂腹瓿（图二）。这一地区的夹炭陶沿袭早
期传统，不见于太湖地区。上述马桥文化马桥类型和塔山类型，

图一　太湖地区马桥文化陶器

1. 鼎　2. 甗　3、4. 豆　5. 灰陶罐　6. 红褐陶罐　7. 红褐陶盆

8. 灰陶盆　9. 灰陶簋　10. 灰陶三足盘　11. 灰陶瓦足盘

12. 灰陶瓿　13. 灰陶觯　14、15. 灰陶器盖

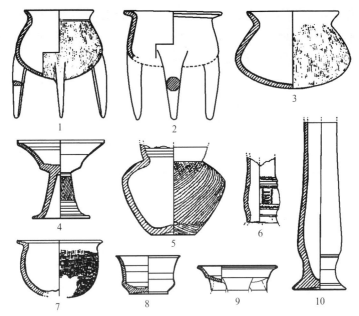

图二　宁绍地区马桥文化陶器

1．绳纹鼎　2．素面鼎　3．釜　4．豆　5．印纹陶罐

6．垂腹瓿　7．印纹陶盆　8．簋　9．三足盘　10．垂腹瓿

应是吴文化和越文化的渊源，正如李学勤先生所说："当吴太伯、仲雍来到太湖流域时，他们所面对的应该就是这种马桥文化。"[116]

马桥文化之后，正当中原殷商末期至西周初期。这一时期的文化遗存，经过考古调查发掘的遗址有上海青浦寺前[117]、金山亭林，江苏常熟钱底巷、江阴花山、吴县郭新河[118]，浙江萧山蜀山[119]等。这一文化是马桥文化的延续和发展，有的学者称为"后马桥文化"[120]。年代相当于殷墟文化晚期至西周早期。这一文化在陶系、器形和纹饰等方面直接承袭马桥文化特点。特别是陶器中的甗、簋、豆、器盖等器物明显反映出形制的演变轨迹。后马桥文化除沿袭马桥文化外，还包含殷墟晚期文化和周文化因素。如陶器上的刻划三角纹和仿蚌泡装饰的平行排列的圆点纹的做法均仿自商周文化。而陶器中的羊角形把手和刻槽盆的流行，则直接受到宁镇地区湖熟文化的影响，江阴花山出土的陶鬲也和湖熟文化有关（图三）。

　　夏商时期，太湖地区以西的宁镇地区存在着与马桥文化不同的另一支土著文化。这支文化是以江苏江宁县汤山西岗村点将

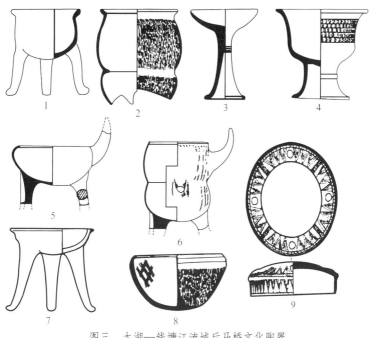

图三　太湖—钱塘江流域后马桥文化陶器

1. 鼎　2、6. 甗　3. 豆　4. 簋　5. 鼎

7. 三足盘　8. 刻槽盆　9. 器盖

台遗址[121]下层为代表的文化遗存，被命名为"点将台文化"[122]。这一文化分布在水阳江以东以北的姑孰溪流域、石臼湖和固城湖周围、秦淮河流域及宁镇山脉一带。陶器以夹砂红褐陶居多，还有泥质红陶、黑陶和灰陶，器形有鼎、甗、豆、罐、瓮、簋、盘、匜、杯等，石器以石锛为主，并发现青铜炼渣。其文化特征明显承袭本地的新石器时代文化，还包含了中原豫东地区的龙山文化、海岱地区的龙山文化和岳石文化因素。年代大致与中原地区的夏代相当。

继点将台文化之后，宁镇地区广泛分布着湖熟文化，这一文化因 1951 年最先发现于江苏江宁湖熟镇而得名[123]。其分布范围东起茅山山脉，西至九华山，北至长江，南至天目山，方圆数千公里。经过考古发掘的遗址主要有江宁湖熟镇[124]、昝庙[125]、点将台[126]，南京北阴阳营[127]、锁金村[128]、太岗寺[129]，句容城头山[130]、白蟒台[131]，镇江马迹山[132]，丹徒团山[133]、断山墩[134]，仪征甘草山[135]，江浦曹王塍子[136]、蒋塍子[137]等。湖熟文化遗址一般均分布在高出地面的大型台形遗址上。陶系以夹砂红褐陶为主，也有泥质红陶、泥质灰陶、泥质黑陶、硬陶和少量原始瓷器，炊器为具有中原商文化特点的鬲取代了本地传统的鼎，也有带角状把手的鬲、鼎和鬲式甗，还有罍、瓿、罐、盆、钵、豆等。湖熟文化早期出土器物，与点将台文化有明显的承袭关系，两者主要区别是湖熟文化中新出现了绳纹弧裆鬲、几何印纹硬陶和原始瓷器，并出现了刀、镞、鱼钩等小件青铜器。中期的折沿分裆袋形圆锥足鬲与河南郑州二里岗的同类器相似（图四）。晚期的侈口高弧裆鬲又具有中原西周陶鬲的风格。湖熟文化延续的时代相当于早商至西周初。这一具有浓郁地域特色的青铜文化，包含着中原

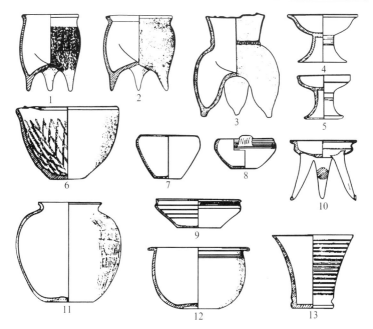

图四　宁镇地区湖熟文化陶器

1. 绳纹鬲　2. 素面鬲　3. 甗　4. 硬陶豆　5. 泥质陶豆
6. 带流刻槽盆　7. 泥质陶钵　8、9. 硬陶钵　10. 三足盘
11. 罐　12. 盆　13. 杯

商周文化的因素，并吸收了太湖—钱塘江地区马桥文化和赣东北万年类型的文化因素，在本地土著文化的基础上对外来文化因素加以改造、融合和创新。距今 3000 年左右，在吴越文化发展过程中，宁镇地区的文化面貌逐渐与太湖地区趋于一致。

在吴国早期疆域范围内的马桥文化和湖熟文化两支早期青铜文化，有各自的渊源、文化特征和发展道路，两者的区别十分明显。在炊器方面，马桥文化以鼎为主，其次是釜和鼎甗结合式甗；而湖熟文化则以鬲为主，其次是鬲甗结合式甗，鼎少见。鬲的形制与中原商代陶鬲相似，而马桥文化中的瓠、觯等器物又与商代酒器相似，这说明早商文化通过不同的道路对吴地两支不同的青铜文化施加了影响[138]。在吴立国以前，太湖地区和宁镇地区在当地土著文化的基础上，呈现出各自和中原夏商文化相结合的特征。

关于吴文化的发源地，目前学术界主要有两种意见：一种意见认为太湖地区是吴文化的发祥地，西周时期扩大到宁镇地区，春秋时期包括赣江鄱阳湖地区[139]；另一种意见则认为吴文化的主要因素来源于湖熟文化，宁镇地区是吴文化的发源地，西周早期吴文化由宁镇地区扩展到太湖、杭州湾地区[140]。根据文献记载，古代吴越同族。吴国和越国同属越族的于越族系。《吴越春秋》记载："吴与越，同音共律，上合星宿，下共一理。"《吕氏春秋·知化篇》云："吴之与越也，接土邻境，壤交通属，习俗同，语言通。"因此反映在文化面貌上应属于同一个文化体系。再从考古学文化来看，吴国后期的文化面貌显然与太湖地区的马桥文化是一脉相承的，而与宁镇地区的湖熟文化相去甚远，太湖与宁镇地区分别属于越族文化和东夷文化，吴文化的发源地应在太湖地区。

吴国是商代晚期周太王之子太伯、仲雍所建。《史记·吴太伯世家》记载："吴太伯、太伯弟仲雍，皆周太王之子，而王季历兄也。季历贤，而有圣子昌，太王欲立季历以及昌，于是太伯、仲雍二人乃奔荆蛮，文身断发，示不可用，以避季历。季历果立，是为王季，而昌为文王。太伯之奔荆蛮，自号句吴。荆蛮义之，从而归之千余家，立为吴太伯。"苏秉琦先生在谈到太湖流域古吴越文化时认为，在西周之前，"这个地区曾有过自己的青铜文化，产生过自己的国家——吴越。当然，周人对这里的政治文化影响绝不能低估。但古文献记载中所谓'文身断发'倒似乎恰恰说明周人也曾经历过一个'地方化'的融合过程，为秦人的统一事业开辟了道路"。[141]

太伯弟仲雍又称虞仲，其后裔封在虞，国都在今山西平陆北。据《逸周书·世俘》篇记载："王烈祖自大王、大伯、王季、虞公、文王、邑考以列升。"可见早在周文王以前，北方已有姬姓虞国。1954 年，江苏丹徒烟墩山出土了宜侯夨簋。此器为中原常见的圈足簋，腹较浅，饰一周圆涡纹间夔纹，腹部四耳上端突出兽头，圈足上有四个扉棱间隔，并饰一周夔纹。器内底有铭文 126 字，又合文 2。铭曰："佳（惟）四月，辰在丁未，王省武王、成王伐商图，遂省东国图。王立（位）于宜，入社，南乡（向），王令虞侯夨曰：'迁侯于宜。赐鬯一卣、商瓒一□，彤弓一，彤矢百；旅弓十，旅矢千。易土：厥川三百□，厥□百又□，厥宅邑卅又五，□□百又卌。易在宜王人十又七生（姓），易奠七白（伯），厥□□又五十夫，易宜庶人六百又□六夫。'宜侯夨扬王休，作虞公父丁尊彝。"（图五）据铜簋形制、纹饰和铭文，知其为康王时器，器

图五　宜侯夨簋及铭文拓本

主宜侯夨原为"虞侯夨"。铭文记载周康王封虞侯夨于宜地，并赏以礼器、土田和奴隶。宜侯夨为纪念这次册封庆典，特地在北虞铸造此簋带到南方。关于宜的方位，有的学者认为"可能就在西起丹徒镇东到丁岗一带范围内"[142]。另有学者则认为目前尚难以肯定，但从铭文"厥川三百"，可见所封国土多有河流，应当包括苏南地区[143]。

关于越国的历史，最早可追溯到夏代。《史记·越王勾践世家》记载："越王勾践，其先禹之苗裔，而夏后帝少康之庶子也。封于会稽，以奉守禹之祀。"根据这一文献记载，越国的始祖是夏王朝第五个君主少康的庶子无余，少康恐禹迹家庙祭祀之绝，于是封他的庶子无余于会稽，建立越国，国号"于越"。但越国早期历史，缺乏文献记载，有的学者对"越为禹后"之说提出怀疑，认为"《史记》言越王勾践为夏禹之后，此不过越人托古之辞"[144]。但从考古资料来看，古越族在其早期发展过程中，确曾受到中原夏文化的影响，在越地马桥文化遗址中，包含了大量二里头文化的因素。著名历史学家翦伯赞先生认为在夏代末年，殷族进占中原地区，夏族的遗部除部分留居中原与殷族混合外，其余则有经苏、皖南下而徙江浙地区，是为后来的吴越[145]。另有学者认为越国王室的先祖系从夏代姒姓集团的活动区域山东经海路南迁至宁绍平原，以致在早期越文化中包含有山东岳石文化的因素[146]。

自西周早期起，吴越两国之间开始出现融合的趋势。吴越的土墩墓葬俗以及几何印纹硬陶、原始瓷器进一步扩大到宁镇地区，并开始表现出文化面貌上的趋同性。而宁镇地区常见的角状把手、刻槽盆和几何印纹陶的梯格纹也见于太湖地区和杭州湾以南地区。但是在总的文化面貌上，太湖地区和宁镇地区之间的差异仍占主导地位。从西周晚期开始，太湖地区以越族文化为主体的文化西进，并向宁镇地区及皖南沿江地区扩张，加速了吴地东、西两支土著文化的融合。春秋时期宁镇地区开始出现釜和釜式甗等越族文化因素，在文化面貌上表现出明显的"越化"倾向。春秋晚期，吴越地区的文化面貌更趋一致，如青铜器中流行弧腹撇足的越式鼎、三段式尊、螭首提梁盉、勾鑃、飞鸟首鸠柱，兵器中的剑、戟，青铜农具中的臿、镈、镰等，形制几乎完全相同。吴文化和越文化已融合统一而成吴越文化。这是文献所载吴越同俗在考古学上的反映。

吴越文化在其形成过程中，也受到周围文化的影响，包括中原商周文化、淮夷文化以及楚文化等的影响。春秋晚期吴国铸造的吴王光鉴、吴王夫差鉴、禺邗王壶、臧孙编钟等有铭青铜礼乐器模仿和追慕中原礼器，其形制和纹饰，几乎与中原铜器相同。春秋晚期至战国早中期，由于楚国的不断向东扩展以及随之而来的楚文化的强烈影响，吴越文化出现"楚化"倾向。江苏六合程桥墓和吴县何山墓出土器物中楚器与吴器同出。战国时期，吴越地区流行的土墩墓和石室土墩墓消失，代之而起的是土坑墓，其中大中型木椁墓内椁周填白膏泥和青膏泥，则是受楚文化葬俗影响的结果。

注　释

[1] 苏秉琦《略谈我国东南沿海地区的新石器时代考古——在长江下游新石器时代文化学术讨论会上的一次发言提纲》，《苏秉琦考古学论述选集》，文物出版社1984年版。

[2] 苏秉琦《关于考古学文化的区系类型问题》，《苏秉琦考古学论述选集》，文物出版社1984年版。

［3］苏秉琦《在中国考古学会第三次年会闭幕式上的讲话（提纲）》，《苏秉琦
考古学论述选集》，文物出版社 1984 年版。

［4］陈淳、张祖方等《三山文化——江苏吴县三山岛旧石器时代晚期遗址发掘
报告》，《南京博物院集刊》总第 9 期。

［5］吴苏《圩墩新石器时代遗址发掘简报》，《考古》1978 年第 4 期；常州市博
物馆《江苏常州圩墩村新石器时代遗址的调查和试掘》，《考古》1974 年第
2 期；常州市博物馆《常州圩墩新石器时代遗址第三次发掘简报》，《史前
研究》1984 年第 2 期；江苏省圩墩遗址考古发掘队《常州圩墩遗址第五次
发掘报告》，《东南文化》1995 年第 4 期。

［6］武进县文化馆、常州市博物馆《江苏武进潘家塘新石器时代遗址调查与试
掘》，《考古》1979 年第 5 期。

［7］南京博物院《江苏武进寺墩遗址的试掘》，《考古》1981 年第 3 期；陈丽华
《江苏武进寺墩遗址的新石器时代遗物》，《文物》1984 年第 2 期；南京博
物院《1982 年江苏常州武进寺墩遗址的发掘》，《考古》1984 年第 2 期；江
苏省寺墩考古队《江苏武进寺墩遗址第四、第五次发掘》，《东方文明之
光——良渚文化发现 60 周年纪念文集》，海南国际新闻出版中心 1996 年版。

［8］乌墩考古队《武进乌墩遗址发掘报告》，《通古达今之路——宁沪高速公路
（江苏段）考古发掘》，《东南文化》1994 年增刊（2 号）。

［9］赵新时、邹忆军主编《锡山藏珍》，南京出版社 2001 年版。

［10］江苏省高城墩联合考古队《江阴高城墩遗址发掘简报》，《文物》2001 年第
5 期；陈丽华《江苏江阴高城墩出土良渚文化玉器》，《文物》1995 年第 6
期。

［11］陆澄《江阴祁头山发现大型马家浜文化遗址》，《江阴文博》2000 年第 2
期。

［12］苏州博物馆、张家港市文管会《江苏张家港许庄新石器时代遗址调查与试
掘》，《考古》1990 年第 5 期。

［13］苏州博物馆、张家港市文物管理委员会《江苏张家港徐家湾新石器时代遗
址》，《考古学报》1995 年第 3 期。

［14］苏州博物馆、常熟博物馆《江苏常熟罗墩遗址发掘简报》，《文物》1999 年
第 7 期。

［15］南京大学历史系考古专业、常熟博物馆《江苏常熟钱底巷遗址发掘报告》，
《考古学报》1996 年第 4 期。

［16］江苏省文物工作队《江苏吴江梅堰新石器时代遗址》，《考古》1963 年第 6

期。

[17] 苏州博物馆、吴江县文管会《江苏吴江龙南新石器时代村落遗址第一、二次发掘简报》，《文物》1990年第7期。

[18] 南京博物院《江苏吴县草鞋山遗址》，《文物资料丛刊》第3辑；《苏州草鞋山良渚文化墓葬》，《东方文明之光——良渚文化发现60周年纪念文集》，海南国际新闻出版中心1996年版。

[19] 吴山《江苏吴县张陵山遗址发掘简报》，《文物资料丛刊》第6辑；南京博物院、角直保圣寺文物保管所《江苏吴县张陵山东山遗址》，《文物》1986年第10期。

[20] 南京博物院《江苏越城遗址的发掘》，《考古》1982年第5期。

[21] 南京博物院、昆山县文化馆《江苏昆山绰墩遗址的调查与发掘》，《文物》1984年第2期；苏州博物馆、昆山市文物管理所《江苏昆山绰墩遗址第二次发掘报告》，《东南文化》2000年第11期。

[22] 苏州博物馆、昆山县文管会《江苏省昆山县少卿山遗址》，《文物》1988年第1期。

[23] 江苏省赵陵山考古队《江苏昆山赵陵山遗址第一、二次发掘简报》，《东方文明之光——良渚文化发现60周年纪念文集》，海南国际新闻出版中心1996年版。

[24] 上海市文物保管委员会《崧泽——新石器时代遗址发掘报告》，文物出版社1986年版；《上海市青浦县崧泽遗址的试掘》，《考古学报》1962年第2期；黄宣佩、张明华《青浦县崧泽遗址第二次发掘》，《考古学报》1980年第1期。

[25] 上海市文物保管委员会《上海福泉山良渚文化墓葬》，《文物》1984年第2期；《上海青浦福泉山良渚文化墓地》，《文物》1986年第10期；黄宣佩、张明华《上海青浦福泉山遗址》，《东南文化》1987年第1期；上海市文物管理委员会《福泉山——新石器时代遗址发掘报告》，文物出版社2000年版。

[26] 上海市文物保管委员会《上海青浦县金山坟遗址发掘》，《考古》1989年第7期。

[27] 上海市文物保管委员会《上海市松江县广富林新石器时代遗址试探》，《考古》1962年第9期。

[28] 上海市文物保管委员会《上海松江县汤庙村遗址》，《考古》1985年第7期。

[29] 孙维昌《上海市金山县查山和亭林遗址试掘》,《南方文物》1997 年第 3 期。

[30] 同 [27]。

[31] 浙江省文物管理委员会《吴兴钱山漾遗址第一、二次发掘报告》,《考古学报》1960 年第 2 期。

[32] 梅福根《浙江吴兴邱城遗址发掘简介》,《考古》1959 年第 9 期。

[33] 浙江省文物管理委员会《浙江嘉兴马家浜新石器时代遗址的发掘》,《考古》1961 年第 7 期。

[34] 浙江省文物考古研究所《嘉兴双桥遗址发掘简报》,《浙江省文物考古研究所学刊》,科学出版社 1993 年版。

[35] 浙江省嘉兴县博物展览馆《浙江嘉兴雀幕桥发现一批黑陶》,《考古》1974 年第 4 期;嘉兴市文化局《浙江嘉兴市雀幕桥遗址试掘简报》,《考古》1986 年第 9 期。

[36] 陆耀华《浙江嘉兴大坟遗址的清理》,《文物》1991 年第 7 期。

[37] 刘斌、蒋卫东《嘉兴南河浜新石器时代遗址》,《中国考古学年鉴(1997)》,文物出版社 1999 年版。

[38] 王明达《嘉善县大往新石器时代遗址》,《中国考古学年鉴(1986)》,文物出版社 1988 年版。

[39] 罗家角考古队《桐乡县罗家角遗址发掘报告》,《浙江省文物考古所学刊》,文物出版社 1981 年版。

[40] 北京大学考古学系、浙江省文物考古研究所、日本上智大学联合考古队《浙江桐乡普安桥遗址发掘简报》,《文物》1998 年第 4 期。

[41] 浙江省文物考古研究所、海宁市博物馆《海宁达泽庙遗址的发掘》,《浙江省文物考古研究所学刊》,长征出版社 1997 年版。

[42] 西湖博物馆《杭州古荡新石器时代遗址之试掘报告》,吴越史地研究会编,1936 年刊印;蒋赞初《杭州老和山遗址 1953 年第一次的发掘》,《考古学报》1958 年第 2 期。

[43] 浙江省文物管理委员会《杭州水田畈遗址发掘报告》,《考古学报》1960 年第 2 期。

[44] 施昕更《良渚——杭县第二区黑陶文化遗址初步报告》,浙江省教育厅,1938 年;《杭县第二区远古文化遗址试掘简录》,《江苏研究》第 3 卷第 5 ~ 6 期,1937 年。

[45] 浙江省文物考古研究所《余杭良渚庙前遗址发掘的主要收获》,《浙江省文

物考古研究所学刊》，科学出版社 1993 年版。

[46] 浙江省文物考古研究所《余杭吴家埠新石器时代遗址》，《浙江省文物考古研究所学刊》，科学出版社 1993 年版。

[47] 浙江省文物考古研究所《浙江余杭反山发现良渚文化重要墓地》，《文物》1986 年第 10 期；王明达《浙江余杭反山良渚墓地发掘简报》，《文物》1988 年第 1 期。

[48] 浙江省文物考古研究所《余杭瑶山良渚文化祭坛遗址发掘简报》，《文物》1988 年第 1 期；余杭县文物管理委员会办公室《浙江省余杭县安溪瑶山 12 号墓考古简报》，《东南文化》1988 年第 5 期。

[49] 浙江省文物考古研究所、余杭市文物管理委员会《浙江余杭汇观山良渚文化祭坛与墓地发掘简报》，《文物》1997 年第 7 期。

[50] 赵晔《余杭莫角山良渚文化遗址》，《中国考古学年鉴（1994）》，文物出版社 1997 年版。

[51] 刘斌《余杭卢村遗址的发掘及其聚落考察》，《浙江省文物考古研究所学刊》，长征出版社 1997 年版。

[52] 丁品《试论崧泽文化向良渚文化的转变》，《良渚文化研究——纪念良渚文化发现六十周年国际学术讨论会文集》，科学出版社 1999 年版。

[53] 车广锦《良渚文化古城古国研究》，《东南文化》1994 年第 5 期。

[54] 南京博物院《北阴阳营——新石器时代及商周时期遗址发掘报告》，文物出版社 1993 年版。

[55] 尹焕章等《南京锁金村遗址第一、二次发掘报告》，《考古学报》1957 年第 3 期。

[56] 江苏省文物工作队太岗寺工作组《南京西善桥太岗寺遗址的发掘》，《考古》1962 年第 3 期。

[57] 魏正瑾《南京市营盘山新石器时代遗址》，《中国考古学年鉴（1984）》，文物出版社 1984 年版。

[58] 魏正瑾《昝庙遗址内涵的初步分析》，江苏省社科联编《1981 年年会论文选·考古分册》。

[59] 南京博物院《南京附近考古报告》，上海出版公司 1953 年版。

[60] 镇江市博物馆《江苏句容城头山遗址试掘简报》，《考古》1985 年第 4 期。

[61] 南京博物院《江苏句容丁沙地遗址试掘钻探简报》，《东南文化》1990 年第 1 期；南京博物院考古研究所：《江苏句容丁沙地遗址第二次发掘简报》，《文物》2001 年第 5 期。

[62] 张祖方等《江苏丹徒磨盘墩遗址发掘报告》，《史前研究》1985 年第 2 期。

[63] 南京博物院、镇江博物馆《江苏镇江市左湖遗址发掘简报》，《考古》2000 年第 4 期。

[64] 王根富《金坛市三星村新石器时代遗址》，《中国考古学年鉴（1999）》，文物出版社 2001 年版。

[65] 谷建祥《高淳县朝墩头新石器时代至周代遗址》，《中国考古学年鉴（1990）》，文物出版社 1991 年版。

[66] 南京市文物局、南京市博物馆、高淳县文管所《江苏高淳县薛城新石器时代遗址发掘简报》，《考古》2000 年第 5 期。

[67] 邹厚本《江苏考古的回顾与思考》，《考古》2000 年第 4 期。

[68] 杨德标《谈薛家岗文化》，《中国考古学会第三次年会论文集》，文物出版社 1984 年版。

[69] 安徽省文物考古研究所《安徽考古的世纪回顾与思索》，《考古》2002 年第 2 期。

[70] 徐繁《繁昌县缪墩遗址调查简报》，《文物研究》第 7 辑，1991 年。

[71] 余宜洁《孙埠遗址》，《宣州文物》第 1 期，1983 年。

[72] 陈衍麟《繁昌先秦文化浅识》，《宣州文物》第 6 期，1988 年。

[73] 泾县文化局编《泾县文物志》，1986 年内部印刷。

[74] 浙江省文物管理委员会、浙江省博物馆《河姆渡遗址第一期发掘报告》，《考古学报》1978 年第 1 期；河姆渡遗址考古队《浙江河姆渡遗址第二期发掘的主要收获》，《文物》1980 年第 5 期。

[75] 河姆渡遗址博物馆考古调查组《浙江余姚市鲞架山新石器时代遗址调查》，《考古》1997 年第 1 期；《余姚县鲞架山新石器时代遗址》，《中国考古学年鉴（1995）》，文物出版社 1997 年版。

[76] 王海明《浙江余姚鲻山遗址发掘简报》，《考古》2000 年第 10 期。

[77] 浙江省文物考古研究所《绍兴市马鞍新石器时代遗址》，《中国考古学年鉴（1985）》，文物出版社 1985 年版。

[78] 王明达《绍兴县仙人山新石器时代遗址》，《中国考古学年鉴（1986）》，文物出版社 1988 年版。

[79] 浙江省文物考古研究所、绍兴县文物保护管理所《绍兴陶里壶瓶山遗址发掘简报》，《浙江省文物考古研究所学刊》，长征出版社 1997 年版。

[80] 浙江省文物考古研究所《萧山跨湖桥新石器时代遗址》，《浙江省文物考古研究所学刊》，长征出版社 1997 年版。

[81] 浙江省文物考古研究所、宁波市文物考古研究所《宁波慈湖遗址发掘简报》，《浙江省文物考古研究所学刊》，科学出版社 1993 年版。

[82] 王海明《慈城小东门新石器时代及商周遗址》，《中国考古学年鉴(1993)》，文物出版社 1995 年版。

[83] 蒋乐平《宁波市沙溪新石器时代遗址》，《中国考古学年鉴（1995）》，文物出版社 1997 年版。

[84] 名山后遗址考古队《奉化名山后遗址第一期发掘的主要收获》，《浙江省文物考古研究所学刊》，科学出版社 1993 年版。

[85] 浙江省文物考古研究所、象山县文物管理委员会《象山县塔山遗址第一、二期发掘》，《浙江省文物考古研究所学刊》，长征出版社 1997 年版。

[86] 刘军《河姆渡文化再认识》，《中国考古学会第三次年会论文集》，文物出版社 1984 年版。

[87] 刘军《浙江考古的世纪回顾与展望》，《考古》2001 年第 10 期。

[88] 蒋乐平《塔山下层墓地与塔山文化》，《东南文化》1999 年第 1 期。

[89] 丁品《钱塘江两岸新石器时代晚期文化关系初论》，《纪念浙江省文物考古研究所建所二十周年论文集》，西泠印社 1999 年版。

[90] 刘军、王海明《宁绍平原良渚文化初探》，《东南文化》1993 年第 1 期。

[91] 王开发、张玉兰《根据孢粉分析推论沪杭地区一万多年以来的气候变迁》，《历史地理》1981 年创刊号。

[92] 宋建《松江区广富林新石器时代及周代遗址》，《中国考古学年鉴(2001)》，文物出版社 2002 年版。

[93] 纪仲庆《良渚文化的影响与古史传说》，《东南文化》1990 年第 5 期。

[94] 杨群《良渚文化的去向和后良渚文化》，《无锡文博》1994 年第 3 期。

[95] 江苏省文物管理委员会《江苏无锡仙蠡墩新石器时代遗址清理简报》，《文物参考资料》1955 年第 8 期。

[96] 江苏省文物管理委员会《江苏无锡锡山公园古遗址清理简报》，《文物参考资料》1956 年第 2 期。

[97] 同［42］。

[98] 牟永抗《高祭台类型初析》，《浙江省文物考古研究所学刊》，科学出版社 1993 年版。

[99] 上海市文物管理委员会《上海马桥遗址第一、二次发掘》，《考古学报》1978 年第 1 期；《上海市闵行区马桥遗址 1993～1995 年发掘报告》，《考古学报》1997 年第 2 期。

[100] 孙维昌《上海市金山县查山和亭林遗址试掘》，《南方文物》1997 年第 3 期。

[101] 同［100］。

[102] 张明华《奉贤县江海良渚文化及马桥文化遗址》，《中国考古学年鉴（1997）》，文物出版社 1999 年版。

[103] 同［20］。

[104] 江苏省文物工作队《江苏无锡许巷村新石器时代遗址》，《考古》1981 年第 8 期。

[105] 江苏花山遗址联合考古队《江阴花山夏商文化遗址》，《东南文化》2001 年第 9 期。

[106] 同［15］。

[107] 同［35］。

[108] 同［38］。

[109] 同［43］。

[110] 同［78］。

[111] 同［82］。

[112] 同［85］。

[113] 参见［98］。

[114] 牟永抗、毛兆廷《江山县南区古遗址墓葬调查试掘》，《浙江省文物考古所学刊》，文物出版社 1981 年版。

[115] 宋建《马桥文化的分区和类型》，《东南文化》1999 年第 6 期。

[116] 李学勤《丰富多彩的吴文化》，《走出疑古时代》，辽宁大学出版社 1997 年版。

[117] 孙维昌《上海青浦寺前村和果园村遗址试掘》，《南方文物》1998 年第 1 期。

[118] 宋建《马桥文化的去向》，《中国考古学会第九次年会论文集》，文物出版社 1997 年版。

[119] 同［118］。

[120] 同［118］。

[121] 南京博物院《江宁汤山点将台遗址》，《东南文化》1987 年第 3 期。

[122] 张敏《试论点将台文化》，《东南文化》1989 年第 3 期。

[123] 曾昭燏、尹焕章《试论湖熟文化》，《考古学报》1959 年第 4 期。

[124] 南京博物院《南京附近考古报告——江宁湖熟史前遗址调查记》，上海出

版公司 1953 年版。

［125］同［58］。

［126］同［121］。

［127］同［54］。

［128］尹焕章等《南京锁金村遗址第一、二次发掘报告》,《考古学报》1957 年第 3 期。

［129］同［56］。

［130］同［60］。

［131］镇江博物馆《江苏句容白蟒台遗址试掘》,《考古与文物》1985 年第 3 期。

［132］镇江博物馆《镇江市马迹山遗址的发掘》,《文物》1983 年第 11 期。

［133］团山考古队《江苏丹徒赵家窑团山遗址》,《东南文化》1989 年第 1 期。

［134］邹厚本、宋建、吴绵吉《丹徒断山墩遗址发掘纪要》,《东南文化》1990 年第 5 期。

［135］江苏省文物工作队《仪征胥浦甘泉山遗址的发掘》,《东南文化》第 2 辑。

［136］南京博物院《江浦县曹王塍子遗址试掘简报》,《东南文化》第 2 辑。

［137］南京市博物馆等《江苏江浦蒋城子遗址》,《东南文化》1990 年第 1、2 期合刊。

［138］纪仲庆《北阴阳营第三层文化遗存的分析》,《南京博物院 60 周年论文集》,1993 年。

［139］纪仲庆《浅谈吴文化和先吴文化》,《南京博物院集刊》第 4 辑。

［140］李伯谦《吴文化及其渊源初探》,《考古与文物》1982 年第 3 期。

［141］苏秉琦《太湖流域考古问题——1984 年 11 月 17 日在太湖流域古动物古人类古文化学术座谈会上的讲话》,《华人·龙的传人·中国人——考古寻根记》,辽宁大学出版社 1994 年版。

［142］肖梦龙《吴国的三次迁都试探》,《吴文化研究论文集》,中山大学出版社 1988 年版。

［143］李学勤《宜侯夨簋的人与地》,《走出疑古时代》,辽宁大学出版社 1997 年版。

［144］林惠祥《中国民族史》,商务印书馆 1936 年版。

［145］翦伯赞《诸夏的分布与鼎鬲文化》,《中国史论集》,文风书局 1947 年版。

［146］宋建《马桥文化探源》,《东南文化》1988 年第 1 期。

二 吴越文化遗址

吴越文化遗址包括吴越两国的城址、居址、窖藏、窑址及矿冶遗址等遗存。各类遗址的考古调查、发掘与研究，是吴越文化研究的重要课题。

吴越两国城址的发现，最早始于 20 世纪 30 年代中期。1935～1936 年，吴越史地研究会卫聚贤、陈志良、蒋大沂等学者对江苏武进淹城遗址进行实地调查和研究，并编著出版《淹城考古记》。1936 年，卫聚贤在江苏苏州胥门外石湖作考古调查，发现磨盘山吴城和黄壁山越城遗址。新中国成立后，50 年代至 60 年代初，江苏省文物管理委员会先后两次实地调查位于无锡、武进两县之间的阖闾城遗址，江苏省文物工作队调查发掘吴县越城遗址。武进淹城内城河出土了春秋时代的独木舟和一批青铜器和几何印纹陶器，引起了学术界的关注。扬州博物馆对邗城遗址与邗沟流经区域进行考古调查。80 年代，苏州博物馆对吴城遗址进行试掘。1986 年 5 月，江苏省淹城遗址考古发掘队先后对淹城遗址进行五期考古发掘。与此同时，浙江省文物考古研究所对湖州下菰城遗址进行了调查研究。90 年代后期，江苏江阴发掘了佘城和花山遗址，首次发现了目前所见太湖地区最大的夏商古城址。安徽省文物考古研究所等对南陵县牯牛山西周城址进行了详细探查和局部发掘。自 80 年代以来，有关学者根据文献记载和考古资料，对吴越两国都城的选址、规划、形制复原及迁都等问题进行了分析研究，同时对吴越两国重要城邑和军事城堡的性质、形制特征和年代诸问题作了深入的探讨，并取得了重要的成果。

村落遗址的资料比较零散。村落遗址的调查始于 30 年代中期。1935 年，卫聚贤、张凤、蒋大沂等学者对上海金山县南部戚家墩外海塘进行考古调查，获得一批几何印纹陶片。后因抗战爆发，调查暂告中断。1948 年春，上海市博物馆组成田野考古工作团，对戚家墩遗址进行考古发掘[1]。建国以后，为了进一步了解戚家墩遗址的内涵，上海市文物保管委员会于 1963～1964 年先后两次发掘戚家墩遗址，清理古井 1 口和墓葬 8 座，发掘证明戚家墩下层文化遗存属春秋战国时期的吴越文化遗存[2]。80 年代以来，太湖地区和宁镇地区开展考古调查，太湖地区的村落遗址以吴县南部地区分布较为密集[3]，遗址大多分布在西太湖及河道沿岸高出地面的土墩上，或在山麓坡下，经过考古发掘的有吴县草鞋山[4]、吴县澄湖[5]、常熟钱底巷[6]等遗址，时代自商代、西周至春秋战国时期。宁镇地区都为台形遗址，高出地面 3～5 米不等，遗址发现有房址、窖穴和灰沟等遗迹。华东师范大学地理系和镇江博物馆联合采用遥感技术手段，对镇江地区台形遗址和土墩墓进行遥感调查。经过调查和考古发掘的遗址主要有镇江马迹山[7]、丹徒断山墩[8]、句容城头山[9]等。越国村落遗址在浙江淳安进贤[10]、萧山蜀山[11]、象山塔山[12]、绍兴袍谷（即里谷社）[13]、绍兴陶里壶瓶山[14]等遗址相继进行了发掘。其中绍兴壶瓶山遗址发现有水井、柱洞、烧坑、灰坑等遗迹，时代从晚商一直延续到战国晚期。

窖藏是指集中埋藏器物的窖穴，大多在城址或村落遗址附近。窖穴内的器物多数是堆叠放置的，一般在大型器物内放置小器物，顶部再覆盖较大的器物。自 50 年代后期以来，江苏吴江浪打川圩[15]、高淳里溪先后发现兵器窖藏[16]，浪打川圩出土铜戈 8 件皆有木柲，且捆扎在一起。高淳里溪出土青铜兵器 30 件，包括矛 23 件、戈 6 件，这些兵器集中埋在一土坑中。70 年代至 80 年代，苏州夿门河道[17]、苏州城东北[18]、苏州仓街[19]、丹阳司徒[20]和无锡北周巷[21]，均发现青铜器窖藏，包括礼器、乐器、农具、兵器等。吴县严山南麓发现吴国宫廷玉器窖藏，出土礼器和装饰品 400 余件[22]。有的学者认为是春秋晚期吴王夫差陵墓的随葬品[23]。浙江绍兴狗头山西南麓出土两件青铜勾镶，很可能出于越国窖藏[24]。

窑址是专为烧造陶器和原始瓷器的遗址。自 70 年代后期至 80 年代前期，浙江绍兴、德清、萧山、上虞等地均发现有窑址，其中上虞发现 6 座印纹陶窑址，属早期龙窑类型。德清发现 8 座原始青瓷窑址，时代从西周晚期一直延续到战国中期以后。绍兴吼山原始青瓷窑址和东堡印纹陶窑址，时代属春秋晚期至战国时代。绍兴富盛窑发掘证明，该窑为印纹硬陶与原始青瓷同窑合烧。

关于吴越两国的矿冶遗址，50 年代末，浙江绍兴城东北的西施山出土了冶炼用的坩埚和大批青铜工具及少量的铁工具，伴出有印纹陶和原始瓷，应是越国的冶炼遗址。70 年代初，江苏昆山盛庄发现冶炼遗址，出土了青铜工具、农具、兵器和铜块、铜渣、坩埚碎片等遗物。自 80 年代以来，安徽省南陵、铜陵、繁昌、青阳、贵池等市县，陆续发现西周和东周时期的矿冶遗址十余处，其中以南陵县江木冲遗址规模最大。1989～1991 年，安徽省文物考古研究所对南陵江木冲、刘家井、西边冲等三处炼铜遗址进行了发掘，发现了炼铜炉、残房基和冶铜遗物，时代属西周晚期至春秋时期。浙江上虞银山发现一处冶炼遗址，从出土的铅块、炉渣、炭屑、红烧土块等遗物观察，应是越国的一处炼铅遗址。

（一）吴越都城

1. 吴国早期都城问题

吴国早期都城，迄今尚未发现。关于吴国始建都于何地，先秦史籍未见记载。按《世本·居篇》记载："吴孰哉居蕃离"，孰哉即仲雍，但蕃离在何处则未详。有的学者认为蕃离即梅里，又名故吴，其地望在今江苏省无锡市梅村镇。东汉时《吴越春秋》记载："遭殷之末，世衰，中国侯王数用兵，恐及于荆蛮，故太伯起城，周三里二百步，外郭三百余里，在西北隅，名曰故吴。人民皆耕田其中。"太伯城周"三里二百步"，是符合周礼关于侯国筑城规划的，"外郭三百余里"，当指勾吴立国时的疆域而言，即辖有今太湖东北的苏州、常熟、江阴、无锡、常州及镇江丹徒一带[25]。太伯城被毁后，东汉桓帝命吴郡太守糜豹在城内监修至德庙，并在鸿山建造太伯墓，太伯庙、墓一直保存至今。

另有学者根据《吴地记》注梅里"又名番里，今横山"，认为蕃里即丹徒。元代《镇江志》记载：丹徒县西之义里乡有梅墟里。从考古发现来看，丹徒烟墩山、母子墩等地发现了西周早期随葬青铜器大墓，因而推断吴国早期都城可能在镇江、丹徒一带。有的学者认为西周时期吴国都邑当在"宜"，其都城方位，"可能就在西起丹徒镇东到丁岗一带范围内"[26]。

有的学者根据江阴云亭镇发现的佘城遗址[27]及其西面的

花山遗址[28]，认为太伯奔吴落脚在江阴佘城。佘城城址略呈圆角长方形，南北长约 800 米，东西宽约 500 米，其中南城墙高出城内地面 1～3 米。城墙系人工堆筑而成，城外有护城河围绕，时代约当商代晚期，是目前发现的长江下游青铜时代唯一的一座古城。城西的花山遗址与佘城的文化面貌一致，应作为佘城郊外的村落居址。有的学者认为佘城和花山遗址是一种早期吴文化遗存[29]。更有学者认为，佘城的年代与司马迁下记载的太伯奔吴时间相吻合。同时，佘城和花山出土的素面鬲、绳纹鼎和甗，与陕西周原同时代的文物有明显关联，也透出从北方所带来的文化气息，这与太伯奔吴说也相当吻合，吴国早期都城有可能在江阴佘城[30]。

2. 吴都吴城

《世本·居篇》云：“孰姑徙句吴”，孰姑即吴王寿梦。《吴地记》记载：“寿梦始别筑城为宫室，于平门西二里”，可知城的规模较小。寿梦迁至苏州所筑之城在今苏州城北，故城今已不存。根据考古调查，有的学者认为寿梦城址很可能位于苏州浒墅关镇和吴县通安镇的鸡笼山、凤凰山、大荒山三山围城的盆地一带，盆地四周的几个豁口当为城门遗址[31]。

吴王诸樊时南徙吴（今江苏苏州）。至吴王阖闾时，接受了伍子胥关于“立城郭，设守备，实仓廪，治兵库”的策略，于公元前 514 年兴建都城，名曰“吴大城”，又称“阖闾城”。

关于春秋时期吴大城的具体位置，一种意见认为今天的苏州古城就是当年的吴国都城，它是在吴都遗址上不断重建的[32]；另一种意见根据《越绝书》记载吴大城“徙治胥山”和考古调查，认为吴大城位于以吴县木渎镇为中心的山间盆地[33]。

这座规模宏大的都城，由郭城、大城、小城组成。《吴越春秋·阖闾内传》记载，伍子胥"造筑大城，周回四十七里"。《越绝书》记载"吴郭周六十八里六十步"，又记载"吴大城周四十七里二百一十步二尺"，"南面十里四十二步五尺，西面七里百一十二步三尺，北面八里二百二十六步三尺，东面十一里七十九步一尺"，"从阊门到娄门九里七十二步"，"平门到蛇门十里七十五步"。按古制一里合三百步，一步为六尺，依此推算，大城四面城垣周长约为三十八里，证明文献所载的四十七里实为三十七里之误。其规模与楚都郢城大略相等，小于齐都临淄而大于鲁都曲阜。全城设水陆城门各八座。东面北为娄门，南为匠门；西面北为阊门，南为胥门；南面东为蛇门，西为盘门；北面东为齐门，西为平门，皆兼通水陆。1957 年对平门遗址的发掘，曾发现平门城墙下层的夯土城墙。

小城亦即子城，实为吴国之宫城，位于大城之内略偏东南。《越绝书·吴地传》记载："吴小城，周十二里，其下广二丈七尺，高四丈七尺，门三，皆有楼，其二增水门二，其一有楼，一增柴路。"城内有吴王的南宫、太子所居的东宫、西宫等。平面呈长方形，其南垣在今铁瓶巷和干将路，北垣在今东中市和白塔西路，东垣在今临顿路上，西垣在王天井巷和永定弄一带[34]，实测四周城垣周长约 4600 米，与文献所载周长十二里（合今约 4860 米）大致相符。小城东侧筑有伍子胥城，周九里二百七十步。

整个吴都以小城（宫城）为中心，突出了宫城的主导作用。依据中国古代都城设计"前朝后市"的传统格局，吴大城内按功能分区进行规划，宫城南部为吴国的官署和贵族府第，宫城之北设市，今白塔西路皮市街以西还保留古市巷的旧称。城内道路畅通，河道纵横，主要道路呈水陆平行状。《越绝书·吴地传》记载："邑中径，从阊门到娄门，九里七十二步，陆道广二十三步；平门到蛇门，十里七十五步，陆道广三十三步，水道广二十八步。"上述街衢和水道的长度与宽度，居各诸侯国都城之首。都城内外水陆交通四通八达。

在吴都城内，建有阖闾宫、南城宫、东宫、西宫、射台、华池、华林园、石龙等宫殿、台榭和苑囿。城外有著名的姑苏台（姑胥台）、馆娃宫、长洲苑、石城、吴宫等离宫别馆和游猎场所。在都城周围还分布着为王室服务的生活设施和农牧业生产基地。

这座规模宏大、建筑宏伟的吴国都城，在公元前473年越灭吴后逐渐荒废。公元前262年，楚相春申君改封江东，曾对吴大城重新修建，作为都邑，至汉代尚保存完好。汉代史学家司马迁亲历其地后说："吾适楚，观春申君故城，宫室盛矣哉!"

吴大城作为春秋晚期的吴国都城，曾出土过不少吴国的实物遗存。城东相门内仓街窖藏中出土有鼎、罍、瓿、壶、盘、编钟、剑等青铜器。城东南葑门运城河中出土有锄、斧、镰、剑等青铜工具和兵器。城东北出土有鼎、矛、镞、犁、锄、斤等青铜器。吴都城西的严山发现了吴国宫廷玉器窖藏。这几批窖藏青铜器，可能都是吴败于越时仓促埋入地下的。都城西北的大真山发现了吴国王室贵族大墓。都城北的虎丘和新塘还发现有战国时期的墓葬，出土有鼎、壶、铒、鉴、匜等越国青铜器。

3. 吴国都城的迁徙

吴国立国后，都城屡经迁徙。据成书于战国的《世本·居篇》云："吴孰哉居蕃离，孰姑徙句吴"，孰哉，仲雍字；

孰姑，即寿梦。但蕃离、句吴地望尚有不同说法。又云："诸樊徙吴"。所以，太伯奔吴后，历经仲雍、寿梦、诸樊三迁。但是，吴国的始封地及其都城迁徙路线，众说纷纭。主要有以下几种说法。

第一种说法，主要根据《世本》记载及地名的考释，认为吴国最初立国发源地在江苏无锡梅里，一作藩离、番丽，又名故吴。寿梦时始于今苏州别筑城邑、营建宫室，其子诸樊自梅里徙都于此，至阖闾时又对其城加以扩建[35]。

第二种说法，根据考古资料并参照文献记载，认为吴国自太伯立国到晚期定都苏州，其都城迁徙由北渐次而南，西周时期吴国都邑在宜（今江苏丹徒），春秋早中期吴国都城迁至常州淹城，春秋晚期吴王阖闾时迁至苏州[36]。

第三种说法，依据考古资料和文献记载，认为勾吴的第一个国都在朱方（今江苏丹徒），定都时间约 581 年。自诸樊起迁都至淹君地（今江苏常州），历经诸樊、余祭、余眜、僚，共 45 年，当时未建城郭。吴王阖闾迁都至无锡、武进交界处的阖闾城，建都共 30 年。吴王夫差十二年至二十三年吴国灭亡，吴国最后的国都在王台，即姑苏台及姑苏宫[37]。

第四种说法，根据考古资料并结合文献记载，认为西周至春秋晚期吴国共有四次迁徙：第一次迁徙在周康王时，吴国都城在柤（今江苏邳县加口）。第二次迁徙约在春秋初期，吴取邗（干）国而建都于邗（今江苏扬州）。第三次迁都在吴王诸樊时期，吴国都城从邗城南迁至无锡西南四十五里的闾江乡一带。第四次迁徙即吴王阖闾迁都至姑苏（今江苏苏州），直至吴国灭亡[38]。

第五种说法，根据陕西宝鸡发现夨国文化遗存，认为太伯、仲雍奔"荆蛮"先是投奔了当时在陕西一带的弓鱼族，后在陇县吴山一带建立虞国，史称西虞、西吴。西周康王时改封于江苏丹徒一带的宜地。春秋时吴王诸樊将其国都南迁至苏州[39]。

第六种说法，依据文献记载和考古资料，认为春秋晚期以前，吴国都城经过四次迁徙。勾吴国始建都地在陕西陇县吴山一带。西周初期，第一次迁都至湖北荆山一带。周武王时期第二次迁都地在江西清江吴城。春秋中期，吴国第三次迁都地在浙江萧山。吴王寿梦时，吴国第四次迁都地在无锡梅里，并将西周前期来到宁镇地区吴的另一支宜国合并入吴国[40]。

4. 越国都城

越国建城始于无余。《吴越春秋·无余外传》记载："少康恐禹祭之绝祀，乃封其庶子于越，号曰无余。"《越绝书》卷第八称："无余初封大越，都秦余望南"。唐张守节《史记正义》引《越绝书》云："无余都会稽山南，故越城是也。"《水经注·浙江水》记载秦望山南的嶕岘有大城，是越王无余之旧都。但经实地考古调查，在秦望山和会稽山南以及禹陵一带，均未发现有城址。

自无余之后，世系失载。春秋时期，越王允常曾建都埤中。关于埤中的地望，一说在诸暨北界，一说在萧山通济乡一带，另一说在浙江绍兴会稽山秦望山南面的故越城，地点大致在平阳至平水、铸铺岙、上灶、中灶、下灶这一盆地之内。城址至今尚未发现。

公元前 490 年，越王勾践自吴获释归越后，便采纳相国范蠡的建议，将都城"徙治山北"，委任范蠡卜地筑城。因系范蠡所建，故绍兴越都又有"蠡城"之称。

越国都城位于今浙江省绍兴市，由大城和小城两重城垣组成。

大城亦即山阴大城。《越绝书》记载："大城周二十里七十二步，不筑北面。"平面略呈南北扁长方形，西北角以府山为郭，不另作城垣，府山自西南向东北呈圆弧状雄峙于都城西北角，山之西、北两坡陡峭，而东南坡较平缓。范蠡筑大城时利用府山作为西北角的天然屏障，府山东北端和南端分别与北垣和西垣相连接，西垣顺其外侧的风则江折向东南与南垣相连接，西南、东南及东北城角均向内折曲。经实测四面城垣周长约7400米，加上府上长1000余米，总长8400余米，与文献记载大城周长基本相符[41]。大城有陆门三，水门三，见于文献记载的有北郭门、东郭门和东郭水门等。

小城即勾践小城，位于大城中部略偏西处。《越绝书》记载："小城周长二里二百二十三步，陆门四，水门一。"小城的东、南、西三面城垣呈直角方形，北城垣向外弧呈半圆形，呈"一圆三方"状，周长1500余米。小城四面城垣各开一门，一水门设于西城垣与河道相交处。小城西有范蠡城和大夫种城。《越绝书》记载："阳城里者，范蠡城也，西至水路。水门一，陆门二。北阳里城，大夫种城也。取土西山以济之，径百九十四步，或为南安。"范蠡城位于近勾践小城西垣水门处，城址平面呈方形，边长约300米左右，陆门两座分别设于南垣和北垣，水门可能设于东垣南部，以便与勾践小城相通。范蠡城北为大夫种城，城西北倚西山即府山。平面呈方形，城径长一百九十四步。

自70年代以来，越国古都绍兴境内陆续出土越国的青铜农具、工具和兵器，包括犁、锄、铲、镰、镬、凿、削等青铜农具、工具和戈、矛、剑、镞等青铜兵器，总数共 100 余件。伴随出土的还有几何形印纹硬陶和原始青瓷器。1982 年绍兴坡塘 306 号越国贵族墓出土成批青铜器和玉器，曾引起广泛的关注。90 年代后期，绍兴县城西南印山发掘越国王陵，经研究为越王勾践之父允常的陵墓。

（二）吴国几座重要城址

吴国除都城外，还有几座重要城址，有的作为边陲城邑，有的作为封邑，有的与矿冶开采有关。这类城址不同于单纯的军事城堡，在当时的政治、经济、文化中占有一定的地位。

1. 牯牛山城

牯牛山城不见于文献记载。1997 年，安徽省文物考古研究所运用遥感技术对城址进行探查，并结合考古钻探和局部试掘，确认其为西周时期的古城址[42]。

城址位于安徽省南陵县石铺乡西进村境内，地处山地与平原圩区的交界地带。这里河网密布，交通便利，城西约 20 公里处为大工山古铜矿遗址。

牯牛山城属水城，平面呈长方形，南北长 900 米，东西宽 750 米，总面积近 70 万平方米。古城外围有古水道即护城河环绕，护城河宽 20～30 米，在南部中段、西部北段和东北角各有一水口，分别与青弋江和漳河故道相通。城内北半部有五个高台地，各台地间以水道隔开，相互独立，水道均与外围护城河相通。钻探表明，城内南半部地势平坦，文化层较浅，应为生产活动区。北半部三个台地堆积有大量的灰土和红烧土，并有夯土遗迹，属于居住生活区。城址东南角和西南角各有一个面积100多平方米的小土台。城址的建造方式具有南方水城的特色。城内出土遗物以夹砂红陶鼎、鬲、甗、豆、罐、盘、盆等数量最多，还有几何印纹硬陶坛、瓮、罐、原始青瓷豆以及铜器、石器等，其文化面貌与宁镇地区湖熟文化大致相同。其年代属西周时期，下限可延续至春秋初期。由于城址临近古矿冶遗址，估计与当时铜矿的大规模开采，有着较为密切的关系。

2. 下菰城

下菰城位于浙江省湖州市云巢乡东南隅，北距湖州市12.5公里。城址坐落在一个自北向南倾斜的台地上，背依和尚山，东北是金盖山，城南里江自西向东流过，再往南东苕溪自南而北流过，两河在城东南隅汇合后向北经湖州注入太湖。

城址有内外两重城垣，外城略呈圆角等边三角形，坐北朝南略偏东，现存城墙周长约1800米，其中东北和西北城墙保存比较完好，外城南部利用东苕溪和里江两条河道作为屏障，不另筑南城垣。内城位于外城南部偏东，城垣方向和外城基本一致，现存周长约1200米。除南城垣比较残破外，其余部分保存比较完好（图六）。内外两城均用黄土夯筑而成，现存城垣一般高约9米，其中内城北郭城垣高达15米左右，上部宽5～6米，底部宽30米左右，横断面略呈梯形，城垣内侧坡度比较平缓，外侧十分陡峭。根据实地勘察，内城尚存南门、东南门、东北门、西北门四个门阙遗迹，外城尚存西门、东北门、西北门三个门阙遗迹[43]。

在下菰城内城的土城垣中，包含有新石器时代的石斧、石铲、灰黑陶片以及商周时期的夹砂陶鼎、甗、几何印纹陶罍、罐、瓿和原始青瓷豆、碗的碎片等遗物。根据出土遗物的特征，

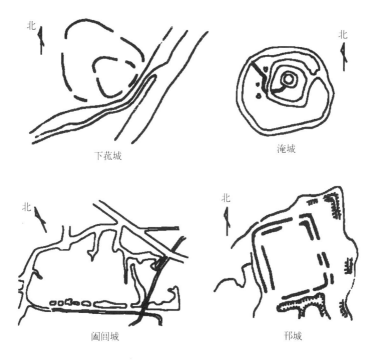

下菰城

淹城

阖闾城

邗城

图六 吴国城址平面图

可以推定下菰城始建于西周至春秋时期，是吴国南部的边陲城邑。战国后期楚国春申君黄歇曾在下菰城设菰城县。战国以后，由于河道的淤塞和改道，加上政治、军事形势的急剧变化，下菰城逐渐衰落荒废。

3. 固城

固城，俗称"楚王城"，早期史书失载。宋《建康志》记载："固城，春秋时吴濑渚县。"明嘉靖《高淳县志》云："古固城，县东三十里，春秋时吴所筑也。"清光绪《溧阳县志》称："周景王四年（公元前541年），吴筑古城为濑渚邑。七

年，楚伐吴，灭濑，吴迁其邑于陡平山，名曰陡平。周敬王二
十四年，吴伐楚，烧固城，其地复属吴。"

固城遗址位于江苏省高淳县固城镇北，南濒胥溪（其本
名濑水），西北为固城湖。城址呈长方形。据《乾道志》记
载，固城"高一丈五尺，罗城周七里三百三十步，子城一百
九十步"。今据实测，周长3915米，城基宽41米，残高4～7
米，顶宽25.5米[44]。有内外两重城垣，内城即子城，东西长
约200米，南北宽约120米，地势北高南低，在北门内西侧有
一面积较大的台地，当为大型建筑基址。四周原有护城河，现
已淤塞。外城又称罗城，东西长约100米，南北宽约800米，
总面积约80万平方米。除靠近胥溪河的南城墙早年被破坏大
半外，其余东、西、北三面城墙保存尚好（图七）。现存城墙
多系夯筑，断面呈梯形，东、西、北三面城垣各有门阙遗迹。

图七　春秋时代吴国固城遗址

城外四周原有护城河，宽约 18 米，现已成为农田。

在固城内外曾出土西周至春秋时期的文物，在城内地面上曾采集到泥质灰陶、印纹硬陶和原始青瓷等碎片，其中印纹硬陶纹饰有填线方格纹、小方格纹等，并出土有编钟、勾鑃、戈、剑等青铜器。此外，在固城周围曾发现有 140 多座春秋时代的土墩墓。可见固城的始筑年代应在春秋时期，是吴国西部的边陲城市濑渚邑，为春秋晚期吴、楚抗衡的军事重地。

4. 淹城

淹城遗迹位于江苏省武进县湖塘镇，西北距常州市区约 7 公里。城址东西长约 850 米，南北宽约 750 米，总面积约 65 万平方米。该城是三城三河的形制。三城为子城、内城、外城三重城垣，均用泥土堆筑而成，不挖基槽，未经版筑，不见夯窝。子城又称王城，平面呈方形，城周不足 500 米。内城又称中城或里罗城，地势比子城低，平面也呈方形，周长 1500 米。外城又称外罗城，平面略呈椭圆形，地势最低，周长约 3500 米。三城各设一城门，子城门正南向，内城门朝西南，外城门朝西北。三道城墙外都有护城河环绕，子城河宽 30 米，现已湮为农田，内城河宽 40 米，外城河宽 50~60 米（见图六）。据实地调查，在淹城四周有 10 条河浜与外城河相接，河水直通大通河、古运河，然后流入长江和太湖。

淹城内外分布着密集的土墩，外城内有四个高大的土墩，东面磨盘墩面积最大，西面的头墩、肚墩和脚墩三个土墩，相传为淹君子女的墓葬，城址外围 1.5 公里范围内，原散布着 200 多座大小不等的土墩，至今尚存 78 座。经考古调查和发掘，证明这些土墩大多属于西周至春秋时期的土墩墓。城址三道城垣之间无陆路相通，城内外交通往来全靠舟楫作为水上交通工具。1958 年在内城河东部曾发现四艘独木船，船内出土春秋时期的几何形印纹陶器。在独木舟东北约 100 多米处的内城河底，还出土一批春秋时期的吴国青铜器，包括尊、三轮盘、牺匜、勾镘等，以及几何印纹陶器、原始青瓷器等。根据出土文物的特征，淹城的年代属于春秋晚期，是目前保存最为完整的春秋时代的吴国古城址[45]。

关于淹城的性质，历来众说纷纭。其主要意见有四：一种意见认为淹城是周初山东奄族被周成王伐奄时所逐南迁定居留下的遗迹[46]；一种意见认为淹城是吴囚越质子故址[47]；一种意见认为淹城是季札的封邑延陵旧治[48]；另一种意见认为淹城是春秋中期吴国的都城[49]。

5. 朱方城

朱方城是吴国西部的一座重要城邑。《左传·襄公二十八年》记载："庆封奔吴，吴句余予之朱方，聚族而居之，富于其旧。"杜预云："句余，吴之夷昧也。"襄公二十八年即公元前 545 年，吴王夷昧将朱方城给予齐国逃臣庆封作为封邑。

城址在江苏省丹徒县境内，具体位置尚未确定。有的学者根据地方志和考古资料，认为朱方城存在三种线索：一在今镇江市区，二在丹徒镇附近，三在今丹徒县大港一带[50]。另有学者根据发现的土岗遗迹和出土的西周至春秋时期的青铜器、几何印纹陶和原始瓷器等遗物，认为朱方城很可能就在丹徒镇东长岗一带[51]。

（三）吴越两国军事城堡

春秋晚期，吴越两国出于争霸战争的需要，在各地修筑了众多的军事性城堡，以作为扼守要道的军事战略重地。

1. 阖闾城

阖闾城位于江苏省无锡市和武进县交界之处。《吴地记》云："阖闾城，周敬王六年，伍员伐楚还，运润州利湖土筑之，不足又取吴地黄渎土为大小二城，当阖闾伐楚还，故因号之。"故该城为周敬王六年（公元前514年）伍子胥所筑。

城址地处湖山交会处，背依群山，南临太湖，形势险要。城址略呈长方形，东西长约1300米，南北宽约800米，总面积约100万平方米。城由东西两城组成，城址中部偏东处有南北向城垣，将城址分隔成大小两个方形城区，东城较小，西城比东城约大两倍（见图六）。整个城址的南、西、北三面均有土城墙，城垣底部宽15～25米，残高2～4米，东面不筑城垣，以一条宽40米的直湖港作为天然屏障。现尚存南城垣，东端与南北走向的城垣相连。南城垣东部有一阙口，当为城门遗址。城外尚保存有护城河遗迹[52]。城址西城的西南部有一高台地，传为兵器库遗址，西城北城垣南侧残存一高台地，俗称点将台，估计原有建筑遗存。城内西北部曾出土有新石器时代至春秋时期的遗物，包括青铜剑、矛等兵器以及几何印纹陶器、原始青瓷器等。从城中采集的回纹和曲折纹或席纹组合纹，以及方格填线纹、菱格填线纹、方格纹、米筛纹、麻布纹等印纹陶片，可知阖闾城筑于春秋晚期，至战国时期越国仍继续使用。

2. 邗城

邗城位于江苏省扬州市西北蜀岗上。《左传·哀公九年》记载："秋，吴城邗，沟通江、淮。"鲁哀公九年即吴王夫差十年（公元前486年），邗城为夫差所筑。

北宋《太平寰宇记》载，邗城"在州之西四里蜀岗上"。考古调查证明，邗城遗址位于蜀岗南沿的尾闾上，系依岗而建，其泥土夯筑的城垣至今尚存。城址范围东至象鼻桥，西止观音山，南自梁家楼子，北达尹家桥头。邗城有内外两重城垣，平面略呈长方形（见图六）。内城垣南北长 1400 米，东西宽 1100 米，周长 5 公里。外城垣南北长 1600 米，东西宽 1400 米，周长 6 公里[53]。在内外城垣之间，仅隔一内城河，外城外还有外城河环绕。相传邗城仅东、西两面各设一城门，北面设一水门。古时邗城西南角濒临长江，邗沟由此与古长江相通，复折向北绕城郭一周形成外城河。舟楫可通邗沟和长江，水路交通畅通。城址正处在长江入邗沟的水口要冲，邗城是春秋末期吴国扼守长江和邗沟的军事重地，又是吴王夫差北伐齐鲁，进而逐鹿中原，用以屯兵、储粮及督运的军事城堡。

50 年代邗城内外曾发现春秋晚期的遗物。1956 年在邗城象鼻桥一带残存城垣下曾发现有印纹硬陶为主的文化堆积，同时在城址附近的黄巾坝、萧家山等地也出土有印纹硬陶罐和回纹、方格纹、席纹、米字纹、麻布纹等印纹硬陶片及青铜矛、镞、锸、锛等遗物，在江都县陆阳湖邗沟故道也出土有剑、矛之类的青铜兵器，足证邗城为春秋晚期吴国的军事城堡。

3. 吴城和越城

吴城和越城位于江苏省苏州市西南横塘镇，东北距吴都胥门 7 公里，地处太湖东北角越来溪两侧，吴城居西，越城居东[54]。

吴城，又称鱼城。《吴郡图经续记》云："鱼城，在吴县西横山下，遗存尚存。吴王挖越之地，宜为'吴城'，谓之'鱼城'误也。横山之旁，冈势如城郭状，今犹隐隐然。"城址地处苏州横塘石湖西岸上方山（属横山）磨盘屿山上，东隔越来溪与越城相望。经实地考古调查，城址依势而筑，低崖处即堆土夯筑城垣，现今东西城垣因开山采石遭到破坏，西、北两面残存夯土城垣残迹，高 3～5 米。城内东北部山顶为开阔的台地。1983 年，苏州博物馆曾在北城垣试掘，知其城垣断面呈上窄下宽的梯形，底宽近 30 米，残高 4.15 米，发现有清晰的夯土层和圆形夯窝，夯土中夹杂有方格纹、回纹、云雷纹印纹硬陶片及泥质陶片等。这座山城居高临下，易守难攻，形势险要，为春秋晚期吴国的军事城堡。

越城，又名越王城。地处磨盘山下的越来溪东的黄璧山上。明代《苏州府志》记载："越城在胥门外，城堞仿佛俱在。高者犹丈余，阔亦三丈，而幅员不甚广。"城址北依新郭江，南临石湖，东为新郭镇，西枕越来溪。平面略呈椭圆形，东西长 300 米，南北宽 200 米左右，城周 1 公里许。城垣泥土夯筑，西北城垣保存较好，底宽 30 米余，高 4～5 米；南城垣略小，底宽 20～30 米，高 3～4 米。城垣有若干缺口，有的应属城门遗址。城内出土有新石器时代至春秋时期的大量遗物，其中包括春秋末期的几何印纹陶、原始青瓷残片和青铜镞等遗物，说明越城应筑于春秋末期。有的学者认为越城和吴城的兴筑应在公元前 475～前 473 年，即越围吴至越灭吴之时。越城不但是与吴城相峙对垒的屯兵城邑，又是越扼守吴之舟楫南入太湖的要隘之地，而更主要的则是越国围攻吴都的军事城堡。

4. 固陵城

固陵城，俗称越王城。《越绝书》卷第八记载："浙江南路西城者，范蠡敦兵城也。其陵固可守，故谓之固陵。所以然者，以其大船军所置也。"固陵城也是越国屯兵抗吴的军事城堡。

城址位于浙江省萧山县西城西镇厢湖镇瓦窑村城山上，东距萧山县约 4 公里。村后有小道，可拾级而上。城山系马山和仰天田螺山的总称，海拔 151 米，城垣系利用山脊走向依山而建，蜿蜒绵亘于山冈之巅，保存基本完好。城址平面略呈梯形，北城垣建在马山峰脊，长约 250 米，南城墙沿仰天田螺山脊而建，长约 280 米，东城墙长约 120 米，西城墙仅长 65 米，城墙利用山脊的自然走向，用泥土夯筑而成，底宽 6～8 米，上宽 1～2 米，残高 3～5 米不等，其中北城垣中段低崖处以块石垒筑而成。城垣内壁稍平缓，外壁十分陡峭，有的地方还可发现将山脊劈成陡坡的痕迹。城址四角有宽大高隆的台地，可能原筑有军事设施。四周城垣仅东城垣中间有阙口，当为唯一的城门通道遗迹[55]。城内地势低洼而四周城垣高耸，宛如盆地，与苏州吴城类同。城内和城墙夯土内出土有几何印纹陶坛和原始青瓷碗、盅、钵等残片，为春秋末期至战国时期的越国器物。

5. 夏河城

据文献记载，公元前 473 年，越国灭吴后，曾拥兵北上，迁都琅邪。《越绝书》卷第八记载："句践徙都琅邪，起观台。"《汉书·地理志》"琅邪县"下注云："越王句践曾治此，起馆台，有四时祠。"北魏《水经注·潍水篇》载："琅邪，山名，越王句践之故国也。句践并吴，欲霸中国，徙都琅邪。"琅邪在今山东省胶南市南。根据实地考古调查，越王勾践迁治琅邪故城即今琅邪山西北的夏河城。

夏河城位于胶南县城南稍偏西方向，相距 30 公里许。城址平面略呈方形，周长约 4 公里，城垣系泥土夯筑，高 1～3

米不等。在夏河城及附近地区曾发现有青铜戈、矛、剑、镞等兵器，其中青铜矛骹末端呈双叉形，青铜剑的剑刃多作两度弧曲形，反映越式兵器的特征。此外还出土有方格纹、席纹等几何形印纹硬陶片。从城址出土越国文物，可见琅邪夏河城应是越国带有军事性质的屯兵据点，可称之为越国陪都[56]。这一城址自越王勾践于公元前 472 年始，历经鹿郢、不寿、朱句和翳，至越王翳三十三年（公元前 379 年）迁于吴，共 93 年，一直成为越国的军事屯兵城堡和陪都所在。

6. 其他城堡

除上述几处较为重要的军事城堡外，江苏武进还有春秋晚期的胥城和留城。胥城位于武进马杭镇东南上店村，城址呈长方形，东西长 80 米，南北宽 60 米，总面积约 5000 平方米。南、西、北三面城垣保存基本完好，底宽 25 米，上宽 10～20 米，残高 4～5 米[57]。土城垣外均有护城河，东城临河，未筑城垣，与无锡阖闾城相同。相传胥城为吴国重臣伍子胥屯兵之处。城中曾出土过印纹陶和原始瓷残片。留城位于武进湖塘镇河留村，东北距胥城 5 公里，西南距淹城 2.5 公里。城址呈方形，周长 500 米左右，总面积约 1 万余平方米。城垣底宽 25～30 米，上宽 10～15 米，残高 4～5 米[58]。城址南面临河，其余三面均有护城河环绕。城址周围也出土有春秋晚期的几何印纹陶器和原始青瓷残片。

在太湖西岸，吴国曾建立军事性要塞"三城三圻"。据《长兴县志》记载："三城三圻在县东六十里，临太湖，吴王屯戍之地。吴城与斯圻联，彭城与石圻联，邱城与芦圻联。城以屯步骑，圻以屯水军。"吴王阖闾曾封其弟夫概于长兴，筑城狭而长，故曰长城，作为扼守吴国太湖西南岸的军事要地。

（四）印纹陶和原始瓷窑址

印纹陶器和原始青瓷器是吴越两国重要的手工业产品，成为吴越文化的特征之一。自 70 年代以来，浙江省湖州、德清、萧山、绍兴和上虞等地，发现有吴越两国的窑址数十座，时代自商代至春秋战国时期。

吴国窑址发现较少。湖州发现商代原始瓷窑址有青山黄梅山窑址和岳家坝窑址，产品有罐、豆和器盖，器形单调，不甚规整，既有泥条盘筑，又有拉坯成型[59]。1983 年，德清县博物馆在德清县境内发现 8 座原始青瓷窑址[60]，窑址分布在苕溪以西的低山丘陵地带，其中火烧山窑和防风山窑发现部分堆积和窑炉遗迹。这两座窑址主要烧造罐、碗、盘、盂、钵、器盖等，釉色较深，除青绿、青灰、青黄色外，还有酱褐色釉。装烧碗时采用套装叠烧法，以粗砂粒、窑渣颗粒以及泥团型垫珠作为垫具。时代属西周晚期至春秋早中期。白漾坞窑、泉源坞窑和叉路岭窑 3 座窑址主要烧造碗，另有盅、器盖等，其中碗、盅采用套装叠烧法，用垫珠或瓷土粉末作间隔，釉色呈青或青黄色，釉面匀润。时代属春秋中晚期至战国早期。南山窑、亭子桥窑和冯家山窑 3 座窑址，产品除盘、豆、盂等小件饮食器外，另有罐、瓿、钵、洗等大件贮存器，还发现少量的甬钟和镈于等原始青瓷乐器残件。器物表面有水波纹、弦纹、直条纹、云纹、锯齿纹等装饰纹样。釉色有青绿、青黄、酱褐色，并有少量黑釉与局部呈现的天蓝色窑变釉。这 3 座窑内普遍发现直筒形或喇叭形筒状叠座。这些窑具的出土，反映出当时窑炉及装烧技术的进步。时代属战国中晚期。

　　越国窑址，目前发现最早的是上虞李家山窑[61]。窑址位于浙江省上虞县百官镇西南 5 公里的李家山坡脊下部。1984年，浙江省文物考古研究所发掘清理了 6 座印纹陶窑址。各窑环绕李家山脚自北而南略呈半圆形排列。除 1 号窑平面近似马蹄形外，其余 5 座窑址都是长条形龙窑类型。利用李家山自然斜坡挖一凹沟，然后在凹沟底部及周壁涂抹一层黏土，即成为窑床。窑内器物坯件直接置于窑底，使用砂砾作为铺垫材料，未见有垫具。窑内未设有挡火墙。该窑主要烧造印纹硬陶坛、罐一类盛贮器，纹饰有人字纹、回纹、云雷纹等，另有少量泥质陶器，器表饰绳纹或弦纹。窑址出土几何印纹陶片纹饰与上海马桥遗址的商代文化层和江西清江吴城商代遗址中所出的印纹陶纹饰基本一致，应属商代窑址。该窑的结构和尚未使用窑具，反映出早期龙窑具有一定的原始性。

　　在越国都城绍兴东郊，绍兴县文物管理委员会先后发现富盛窑[62]、渡桥头山窑[63]、东堡窑和吼山窑[64]等四处窑址。

　　富盛窑址位于浙江省绍兴县富盛镇长竹园和诸家山等地。在长竹园窑址南部的渠道断面上，发现了南北并列的古窑床遗迹 2 处，相距 3.5 米，每处都保存着重叠的五座窑床。其中北面一处窑床遗迹的最上面的一号窑进行了发掘。一号窑为东西向的龙窑，窑头已被破坏，仅存窑的中后段，残长 3 米，宽2.42 米，整座窑址采用当地红色黏土筑成，窑壁自底起逐渐内收成拱顶，窑床倾斜为 16 度，窑底铺砂粒一层，装烧时坯件直接放在窑底砂层上，坯件和砂底之间用托珠或印纹硬陶残片垫隔。窑尾设挡火墙，墙下有几个烟火柱和烟火弄，挡火墙与后墙之间是出烟孔。根据窑址保存情况，推测富盛窑原长近6 米。该窑为印纹陶和原始瓷同窑烧制，产品有印纹陶坛、罐和原始青瓷碗、盘、盅、钵、器盖等。印纹陶纹饰有回纹、水波纹、席纹、米字纹、米筛纹、麻布纹等。原始青瓷器大部分采用套装叠烧方法，器内留有三枚托珠印痕。根据窑内出土的器物特征，该窑为战国时期越国的窑址。富盛窑堆积丰厚，但产品比较单纯，种类不多，而且上下堆积层中所出遗物完全相同，是同一时代烧造时间较长的窑址。

渡桥头山窑在绍兴城东南约 15 公里的富盛镇万户村渡桥头山南坡，与长竹园窑址相距约 2 公里。窑址堆积的前端已破坏，露出断面堆积层，出土器物主要是印纹陶坛、罍、罐一类盛贮器。制作方法为手工和轮制兼用，器物的口、颈部用慢轮修整。器表拍印方格交叉填线纹和水波纹。窑址年代属春秋中期或偏晚。

东堡窑坐落在东堡村庙前山东北缓坡上。窑床已被破坏，仅见红烧土和"窑汗"结成的块状物。该窑主要烧制坛、罐一类盛贮器，器表拍印方格纹、重回纹交叉十字纹、菱形填线纹、大方格填线与方格纹组合的复合纹以及少量的麻布纹，为春秋战国时代越国的印纹陶窑址。

吼山窑在东堡窑北约 5 公里许，窑址分南北两部分，相隔 10 米多。该窑主要烧造碗、盘一类饮食器，装烧时采用叠烧方法，器物内外底都留有三枚托珠垫隔后的痕迹，所出器物特征与浙江吴兴苍山和上海戚家墩遗址出土的器物大致相同，应为春秋末期至战国早期的越国原始青瓷窑址。

战国时代，除了绍兴富盛窑、东堡窑和吼山窑外，在毗邻绍兴的萧山县进化区发现有近 20 处窑址，分布相当集中，堆积层厚，遗物丰富，数量较大，说明越国烧制印纹陶和原始瓷窑业的发达。

（五）古矿冶遗址

《尚书·禹贡》载扬州"厥贡惟金三品"。吴越地区属古扬州之域，其中皖南一带铜矿资源尤为丰富。西周至战国时期，是吴越两国铜矿开发的重要发展阶段。1977年，安徽省贵池县出土了一批东周时期青铜器，其中有7件铜锭。80年代初，经对这批铜锭分析，其化学成分为铜64.88%，铁34.35%，硫2.03%，这一发现把我国使用硫化矿冶铜技术向前推至春秋晚期至战国初期[65]。自80年代中期以来，安徽省文物考古研究所先后对南陵、铜陵等地进行了全面的专题调查和发掘，发现了先秦时期的铜矿遗址20多处，时代自商末周初至春秋战国时代，是吴、越两国的重要矿冶遗存。

皖南古矿冶遗址主要分布在低山和丘陵地带，遗址一般坐落在山腰或山坳中，遗址范围内均遗留有大量的炼铜废渣堆积和炉壁残块。目前发现年代最早的木鱼山遗址[66]，位于安徽省铜陵县朱村乡新民村木鱼山北边，遗址由木鱼山、火龙岗、鬼推磨三片组成，总面积约10万平方米。在遗址北侧曾发现古代采矿坑，坑内有直径50厘米的圆木。在西侧的河道中曾出土有古代矿井的木支护，说明遗址冶铜的原料就来自附近。遗址内出土有炼铜炉壁残块、炼渣、红烧土以及夹砂陶、泥质陶、印纹陶和原始瓷残片。遗址内出土的炼铜废渣经化学分析，含有少量的铜和硫，其铜、硫之比超过0.258，根据现代炼铜学原理，部分炼渣属于冶炼冰铜的渣。遗址出土的木炭，经 ^{14}C 测定年代为距今2882±52年，树轮校正年代为距今3015年，时代属商末周初。

铜陵县的万迎山遗址位于铜陵县新桥乡凤凰村北约 100 米处的万迎山南坡，残存面积约 5 万平方米，炼渣堆积厚约 2 ~ 3 米。遗址西侧的断面上见有零星的古矿井，呈圆形弯曲状，有木支护，分布不规律，从剖面观察最大采掘深度在 10 米以上[67]。1984 年在遗址南部约 300 米处的凤凰山西坡，曾发现一批春秋时期窖藏青铜器，内有一件菱形铜锭，与木鱼山出土的铜锭相同。1987 年在遗址范围内曾发现一件舌形石范。由此推测万迎山遗址可能是一处综合性的采矿、冶炼和铸造场所。从遗址出土的大量的几何印纹陶和原始青瓷器观察，万迎山遗址的时代属春秋战国时代。

安徽省南陵县的江木冲遗址[68]，是迄今发现吴越古矿规模最大的冶炼遗址。遗址坐落在丘陵地带的一条狭长的龙垅上，分布范围长约 1.5 公里，宽约 1 公里，总面积约 1.5 平方公里，遗址文化堆积最厚达 2 米，多处地点发现了炼炉遗迹。炉基平面近椭圆形，底部由风沟组成。炉壁由黏土、石英砂、赤铁矿粉等混合构成，厚 20 多厘米，具有较好的耐火性能。炉壁表面凹凸不平，内壁附着有较厚的烧结层，应属地面竖炉。炼渣呈不规则的小块状或尖锥状，从炼渣的大小可知当时炼炉的容积较小。炼出的铜产品为铜锭，呈菱形，表面粗糙，气孔较多。经铜陵有色金属设计研究院对 2 件冰铜锭的检测分析，含铜量为 28% ~ 38.5%，含铁量为 18.66% ~ 35.77%，还含有少量的铅、锌、锡等元素。1989 ~ 1991 年，南陵县发掘了江木冲、刘家井、西边冲等三处炼铜遗址，发现炼铜炉及残迹 15 座，残房基 4 座，出土一批冶铜遗物和生活器皿。江木冲遗址灶炉[14]C 标本年代测定，为距今 2755 ± 115 年，树轮校正年代为距今 2815 ± 115 年，属西周晚期[69]。该遗址的冶铜竖炉及出土的冰铜锭，把中国冶炼硫化铜矿的历史提早到了约公元前 8 ~ 9 世纪的西周晚期。

1973 年，江苏省昆山县盛庄发现一处春秋战国时期的冶炼遗址。出土有不少铜块、炼铜渣和陶质坩埚碎片，同时出土有戈、矛、剑等青铜兵器和犁、铲、镰、锛、凿、锯等青铜农具和工具[70]。在苏州附近的铜井山、穹隆山都发现有铜矿，可见盛庄遗址是春秋战国时期吴越两国的矿冶遗址。

越国境内蕴藏着丰富的铜、锡矿产资源。《越绝书》记载："赤堇之山破而出锡，若耶之溪涸而出铜。"《越绝书·外传记地传》说，"姑中山者，越铜官之山也，越人谓之铜姑渎"，又说，"练塘者，勾践时采锡为炭，称炭聚，载从炭渎至练塘，各因事名之"。《水经注》云："练塘，勾践炼冶铜锡之处。"文献中所记赤堇山和若耶溪都在浙江绍兴城南 15 公里的平水地方，60 年代，若耶溪旁的凤凰山曾发现铜矿。1959 年，在浙江绍兴越都城东北面的西施山出土了大批青铜工具，包括锄、镬、削、凿、镰和少量的铁镰、铁削、铁锄和铁镬，伴随出土的还有印纹陶器和原始青瓷，并出土了冶炼用的坩埚[71]。由此推测，绍兴西施山应是越国的矿冶遗址。

1985 年，浙江省上虞市银山北麓发现一处冶炼遗址[72]，西距越国都城绍兴 33 公里，其周围河流纵横，交通运输十分便利。遗址断面离地面约 1.5 米深处，有一层厚 3 厘米左右的炭屑层，面积在十几平方米，同一地层中出土了长宽约 40 厘米、厚约 60 厘米的铅块及红烧土块和炉渣，红烧土块往往有一层乌黑发亮的烧结面。附近还发现了四个呈圆形的坑，直径约 3 米，深 1 米左右。坑内有炉渣、炭屑等遗物。同出的还有锄、锸、铲、镬、镉、斧、镰、锛、削、矛、剑、镞等青铜农具、工具、兵器和印纹陶瓮、罐，器物表面拍印米字纹、米筛纹、方格纹、曲折纹等纹饰。根据遗址中出土的铅块、炉渣及红烧土块，银山遗址应是春秋战国时期越国一处炼铅遗址。

除了越都绍兴附近的矿冶遗址外，浙江省永嘉县曾出土一批青铜器，其中有铜铲、铜盂和铁盂，并出土铜块 50 多公斤和少量的锡块[73]，时代为春秋末期至战国时期，很可能是越国的一处冶铸遗址。此外，浙江淳安进贤和海盐也曾出土过坩埚、铜炼渣和一些青铜器，为越国的青铜冶炼遗址。

注　释

[1] 陶喻之《上海首次田野考古的前前后后》，《东南文化》1996 年第 3 期。

[2] 上海市文物保管委员会《上海市金山县戚家墩遗址发掘简报》，《考古》1973 年第 1 期。

[3] 姚勤德《江苏吴县南部地区古遗址调查简报》，《考古》1990 年第 10 期。

[4] 南京博物院《江苏吴县草鞋山遗址》，《文物资料丛刊》第 3 辑。

[5] 南京博物院《江苏吴县澄湖古井发掘简报》，《文物资料丛刊》第 3 辑。

[6] 南京大学历史系考古专业、常熟博物馆《江苏常熟钱底巷遗址发掘报告》，《考古学报》1996 年第 4 期。

[7] 镇江博物馆《镇江市马迹山遗址的发掘》，《文物》1983 年第 11 期。

[8] 邹厚本、宋建、吴绵吉《丹徒断山墩遗址发掘纪要》，《东南文化》1990 年第 5 期。

[9] 镇江博物馆《江苏句容城头山遗址试掘简报》，《考古》1985 年第 4 期。

[10] 牟永抗《高祭台类型初析》，《浙江省文物考古研究所学刊》，科学出版社 1993 年版。

[11] 浙江省文物考古研究所《浙江省考古五十年主要收获》，《新中国考古五十年》，文物出版社 1999 年版。

[12] 浙江省文物考古研究所、象山县文物管理委员会《象山县塔山遗址第一、二期发掘》，《浙江省文物考古研究所学刊》，长征出版社 1997 年版。

[13] 绍兴县文物保护管理所《浙江绍兴袍谷遗址发掘简报》，《考古》1989 年第

9 期；周燕儿、符杏华《浙江绍兴县里谷社遗址再发掘》，《南方文物》1992 年第 3 期。

[14] 浙江省文物考古研究所、绍兴县文物保护管理所《绍兴陶里壶瓶山遗址发掘简报》，《浙江省文物考古研究所学刊》，长征出版社 1997 年版。

[15] 南京博物院等《江苏出土文物选集》，文物出版社 1963 年版。

[16] 江苏省文物管理委员会《江苏高淳出土春秋铜兵器》，《考古》1966 年第 2 期。

[17] 廖志豪、罗保芸《苏州葑门河道内发现东周青铜文物》，《文物》1982 年第 2 期。

[18] 苏州博物馆考古组《苏州城东北发现东周铜器》，《文物》1980 年第 8 期。

[19] 苏州博物馆《江苏苏州市发现窖藏青铜器》，《考古》1991 年第 12 期。

[20] 镇江市博物馆、丹阳县文物管理委员会《江苏丹阳出土的西周青铜器》，《文物》1980 年第 8 期。

[21] 冯普仁《无锡北周巷青铜器》，《考古》1981 年第 4 期。

[22] 吴县文物管理委员会《江苏吴县春秋吴国玉器窖藏》，《文物》1988 年第 11 期。

[23] 钱公麟《关于吴县严山春秋玉器窖藏性质的再认识》，《东南文化》1999 年第 2 期。

[24] 绍兴市文管会《绍兴发现两件钩镶》，《考古》1983 年第 4 期。

[25] 魏嵩山《古代吴立国的发源地及其疆域的变迁》，《吴文化研究论文集》，中山大学出版社 1988 年版。

[26] 肖梦龙《吴国的三次迁都试探》，《吴文化研究论文集》，中山大学出版社 1988 年版。

[27] 江苏佘城遗址联合考古队《江阴佘城遗址试掘简报》，《东南文化》2001 年第 9 期。

[28] 江阴花山遗址联合考古队《江阴花山夏商文化遗址》，《东南文化》2001 年第 9 期。

[29] 俞伟超《江阴佘城城址的发现与早期吴文化的探索》，《古史的考古学探索》，文物出版社 2002 年版。

[30] 《"太伯奔吴"落脚江阴》，《江南晚报》2000 年 1 月 11 日 1 版。

[31] 张照根《石室土墩与吴国墓葬》，《东方文明之韵——吴文化国际学术研讨会论文集》，岭南美术出版社 2000 年版。

[32] 吴奈夫《春秋吴都研究的若干问题》，《吴文化研究论丛》第一辑，苏州大

学出版社 1998 年版。

[33] 钱公麟《春秋时代吴大城位置新考》,《东南文化》1989 年第 4、5 期合刊。

[34] 商志䫜《春秋时期阖闾都城之宫城考》,《苏州大学学报(哲学社会科学版)》1992 年第 2 期。

[35] 同[25]。

[36] 同[26]。

[37] 谢忱《勾吴史新考》,中国文联出版社 2000 年版。

[38] 王晖《西周春秋吴都迁徙考》,《历史研究》2000 年第 5 期。

[39] 尹盛平《西周的彊国与太伯、仲雍奔"荆蛮"》,《陕西省文博考古科研成果汇报会论文选集》,陕西省文物事业管理局编印,1981 年;《关于太伯、仲雍奔"荆蛮"问题》,《吴文化研究论文集》,中山大学出版社 1988 年版。

[40] 林志方《宜国灭奄国都淹城考》,《东方文明之韵——吴文化国际学术研讨会论文集》,岭南美术出版社 2000 年版。

[41] 曲英杰《楚吴越三都城综论》,《东南文化》1992 年第 6 期。

[42]《南陵县牯牛山周代城址》,《中国考古学年鉴(1999)》,文物出版社 2001 年版。

[43] 劳伯敏《湖州下菰城初探》,《中国考古学会第五次年会论文集》,文物出版社 1988 年。

[44] 南京市文化局、南京市文物局《南京文物精华·建筑编》,上海人民美术出版社 2000 年版。

[45] 江苏省淹城遗址考古发掘队《发掘淹城遗址的主要收获》,《南京博物院建院 60 周年纪念文集》,1993 年;赵玉泉《武进县淹城遗址出土春秋文物》,《淹城文博通讯》1989 年创刊号;倪振逵《淹城出土的铜器》,《文物》1959 年第 4 期。

[46]《越绝书·吴地传》。

[47]《常州府志》。

[48] 车广锦《淹城即季札延陵邑考》,《江苏省考古学会 1983 年考古论文集》。

[49] 同[26]。

[50] 刘建国《古城三部曲——镇江城市考古》,江苏古籍出版社 1995 年。

[51] 赵玉泉、壮宏亮《对春秋时期吴国城址的初步认识》,《东南文化》1998 年第 4 期。

[52] 李鉴昭《江苏无锡古阖闾城的调查》,《考古通讯》1958 年第 1 期。

[53] 陈达祚、朱江《邗城遗址与邗沟流经区域文化遗存的发现》,《文物》1973

年第 12 期。

[54] 林华东《吴越城址探研》,《东方博物》第 2 辑, 杭州大学出版社 1998 年。

[55] 林华东《越国固陵城考》,《东南文化》, 1998 年。

[56] 同 [54]。

[57] 同 [51]。

[58] 同 [51]。

[59] 陈兴吾、任大根《浙江湖州古窑址调查》,《中国古陶瓷研究》第 3 辑, 1990 年。

[60] 朱建明《浙江德清原始青瓷窑址调查》,《考古》1989 年第 9 期。

[61] 浙江省文物考古研究所《浙江上虞县商代印纹陶窑址发掘简报》,《考古》1987 年第 11 期。

[62] 绍兴县文物管理委员会《浙江绍兴富盛战国窑址》,《考古》1979 年第 3 期。

[63] 符杏华《浙江绍兴两处东周窑址的调查》,《东南文化》1992 年第 6 期。

[64] 沈作霖、高军《绍兴吼山和东堡两座窑址的调查》,《考古》1987 年第 4 期。

[65] 张敬国、华觉明《贵池东州铜锭的分析研究——中国始用硫化矿炼铜的一个线索》,《自然科学研究》1985 年第 2 期。

[66] 安徽省文物考古研究所、铜陵市文物管理所《安徽铜陵市古代铜矿遗址调查》,《考古》1993 年第 6 期。

[67] 同 [66]。

[68] 安徽省文物考古研究所、南陵县文物管理所《安徽南陵县古铜矿采冶遗址调查与试掘》,《考古》2002 年第 2 期。

[69] 安徽省文物局《五十年来的安徽省文物考古工作》,《新中国考古五十年》, 文物出版社 1999 年。

[70] 陈兆弘《昆山盛庄青铜器熔铸遗址考察》,《苏州文物资料选编》, 1980 年。

[71] 沈作霖《绍兴出土的越国青铜器》,《百越民族研究》, 江西教育出版社 1990 年版。

[72] 章金焕《浙江上虞市银山冶炼遗址调查》,《考古》1993 年第 3 期。

[73] 徐定水《浙江永嘉出土一批青铜器简介》,《文物》1980 年第 8 期。

三 吴越两国墓葬

吴越墓葬的发现，开始于 20 世纪 20 年代末。1930 年，江苏省仪征县破山口一座西周墓被盗掘，出土一批青铜器[1]。新中国成立后，随着大规模基本建设的开展，吴越文化文物不断发现。1954 年，江苏省丹徒县大港烟墩山发现一座古墓，出土一批西周青铜器，其中一件宜侯夨簋，铭文长达 120 余字。夨簋的出土，引起国内史学家和考古界的重视，由此进入了吴越文化研究的第一个高潮。与此同时，江苏省苏州五峰山发掘石室土墩遗存，发现了吴越地区另一类石室土墩墓葬。自 50 年代至 60 年代中叶，吴越地区正式采用科学发掘，发掘清理了江苏仪征破山口墓、六合程桥 1 号墓以及安徽省屯溪 4 座土墩墓，首次揭示出吴越民族的葬俗特点和独特的文化内涵，为吴越地区墓葬考古积累了资料。

70 年代至 80 年代，吴越地区的考古工作蓬勃开展。江苏宁镇地区在丹徒、句容、溧水、金坛、丹阳、高淳、浦口以及安徽省繁昌、南陵等地，发掘了大批土墩墓；太湖地区在江苏苏州、吴县、常熟、江阴、无锡、宜兴、武进和浙江长兴、海宁等地，发掘了一批石室土墩墓，浙江省绍兴坡塘发掘了绍兴 306 号越国贵族墓。90 年代，吴越地区范围内除了对土墩墓和石室土墩墓继续进行发掘外，尤其重要的是，江苏苏州大真山吴国贵族墓和浙江绍兴印山越国王陵的发掘与研究，为吴越文化研究开创了新局面。

自 80 年代后期以来，镇江博物馆与华东师范大学地理系合作，运用现代遥感技术调查镇江地区商周遗址和土墩墓，共查出镇江及所辖句容、丹徒、丹阳三县范围内土墩墓 3134 座[2]，并对太湖地区石室土墩的分布规律进行了研究[3]。进入 90 年代，对皖南地域土墩墓进行普查，发现土墩墓群 23 处，可确认的土墩墓达 3019 座[4]。考古学与现代遥感技术相结合，使吴越地区墓葬考古工作有了新的突破。

随着吴越地区墓葬发掘数量的不断增加，自 70 年代以来，吴越地区墓葬的研究工作逐步深入，取得了一定的学术成果。主要集中在以下几个方面：一是对土墩墓的形制特征、年代分期、文化内涵、族属国别、墓葬等级以及墓葬分区等一系列课题进行了深入的探讨；二是通过对太湖至杭嘉湖地区以及钱塘江以南宁绍平原等地石室土墩遗存的大量发掘工作，为认识这类遗存的内涵和性质获得了许多新的资料，从而对长期以来关于石室土墩遗存的军事设施说[5]、居址说[6]、祭天说[7]、墓葬说[8]、多元说[9]等进行了广泛深入的讨论，多数学者根据考古发掘结合文献记载，认为石室土墩墓是西周至春秋时期吴越民族的特殊葬俗；三是根据江苏丹徒沿江大墓和苏州真山大墓以及浙江绍兴 306 号墓的发掘，进一步探讨墓主身份与国别，并对浙江绍兴印山越国王陵的墓主进行研究，确定为越王允常的陵墓。这些可喜的研究成果，有力地推动了吴越文化研究的深入发展。

（一）绍兴印山越王陵

1996～1998 年，浙江省文物考古研究所在绍兴兰亭发掘了印山大墓[10]。经初步研究，印山大墓是越王勾践之父允常的陵寝。

大墓建造在绍兴兰亭镇里木栅村西南的印山之巅。印山系一座小型孤山，海拔高 41 米，相对高度 20 余米。墓葬开凿在山丘的中心部位，墓上有人工堆筑的高大的封土墩，印山四周设有用来护陵的隍壕围护（图八），整个墓地占地面积 10 多万平方米，规模宏大，气势雄伟。

印山大墓是一座带宽大长墓道的"甲"字形深竖穴岩坑墓。墓坑全部从山顶岩层中挖凿而成，平面呈东西向长方形。在营建过程中，南面坑壁有坍塌现象，形状不规整。墓坑口长达 46 米，宽 14～15 米，坑底长 40 米，宽 12 米，坑深 14 米。墓坑东壁正中设 54 米长的墓道，与墓口连接共同构成"甲"字

图八　绍兴印山越王陵四周隍壕设施

形的平面布局。墓室采用巨大的枋木构筑，先用枋木在事先铺设于两侧的纵向垫木上横向平铺出长条形底面，再在底面两边用枋木紧密排列互相斜撑成三角形墓室，顶部纵向压盖略呈半圆形的厚木。墓室内长 33.4 米，底宽 5 米，现存墓室高 4.7 米，室内面积 160 多平方米。墓室分前、中、后三室，各室之间均设门槛，门槛上方有门梁，原设有木板隔墙。中室有独木棺一口，长达 6 米余，口宽 1.12 米，系用巨大的原木一剖为二后挖空而成，一半作棺身，另一半作棺盖，内外髹漆，这具独木棺为目前所见最大的独木棺葬具。墓室之前设有略低于墓室的甬道，与墓道相连接。

大墓内有十分讲究的防腐设施。在构筑墓室之前，先将整个坑底铺垫厚达 1.65 米的木炭层，墓室外包护 140 层左右的树皮，树皮外再填筑 1 米左右的木炭层，木炭层外表再用数层树皮包护，整个墓坑用青膏泥分层填筑，最后在墓上堆筑长径 70 米、短径 30 米、中心部位高达 10 米的巨型封土墩，并经分层夯筑。据统计，用于填筑的木炭达 1400 立方米左右，青膏泥的填筑量达 5700 立方米左右。这些严密的防腐填筑措施对墓室的防腐保护起了重要作用。

墓室早年盗掘严重，墓内随葬品几乎被洗劫一空。但在中层部位尚残存有龙首形玉勾、玉剑、玉镟、微型玉管珠、玉镇、漆木杖、残漆器等，填土中出土有保存完好的青铜铎，弥足珍贵。墓内残存的遗物，与江苏苏州真山大墓和吴县严山玉器窖藏出土文物风格相同，并根据墓葬封土和填土中出土的印纹陶纹饰推断，印山大墓的时代应属春秋末期。

关于印山大墓的墓主，从该墓巨大的规模、豪华的墓室和严密的防腐措施等，可以判断它是一座越国王陵，特别是印山四周的隍壕，更清楚地表明该墓属于王陵一级。《越绝书》记载："木客大冢者，句践父允常冢也。"《吴越春秋》："越王使人如木客山，取元常之丧，欲徙葬琅邪，三穿元常之墓，墓中生燇风，飞沙石以射人，人莫能入。句践曰：'吾前君其不徙乎？'遂置而去。"明万历《绍兴府志》记载："木客山在府城西南二十七里"，与印山位置完全吻合。因此，印山大墓即越王允常（元常）的"木客大冢"[11]。

绍兴印山越国王陵的发现，为研究越国王陵制度提供了重要资料。这种横断面呈三角形的竖穴岩坑木室墓，基本上采用本地石室墓上堆筑封土墩的传统形制，葬具采用独木棺也属于越文化自身的传统因素。墓葬采用带长墓道的竖穴深坑形制和墓坑内填筑木炭、青膏泥以及外围四周设置隍壕的做法，则是受外地文化影响的结果，主要来源于春秋时期关中的秦国，可能是先秦秦公陵园制度南传的反映，表明越国与秦国在文化的影响与交往上有着密切的关系[12]。

（二）吴越贵族墓地

吴国王室及贵族墓地主要发现于江苏丹徒、苏州和安徽屯溪三地。这类墓葬以随葬成批青铜器为特征，部分墓曾出土有铭青铜器，为研究吴国贵族墓的分布规律、墓葬形制、埋葬制度以及随葬品的组合等，提供了珍贵而翔实的实物资料。

1. 丹徒沿江墓地

在丹徒谏壁至大港的长江沿岸的低山丘陵上，大型墓群主要分布于紧靠长江的山脊和山坡上，由西向东顺山脉延伸的方向呈线状分布（图九）。经过发掘清理的有烟墩山 1 号墓[13]、

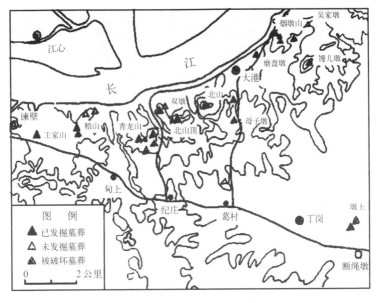

图九　丹徒沿江墓地墓葬分布图

母子墩墓[14]、粮山墓[15]、北山顶墓[16]、王家山墓[17]、青龙山墓[18]等。这些大型墓群临江而立或眺江而望。

1954年发掘的烟墩山1号墓是带竖穴土坑的土墩墓,原墓葬及其西北隅的两个祔葬坑实为一墓,1985年于1号墓山坡上发掘的烟墩山2号墓为烟墩山1号墓的陪葬墓。陪葬墓底经平整后砌长方形石床,中间用板石平铺,南北两边用较厚的石块和板石砌成高出石床面的边框(图一〇)。1号墓内出土有青铜鼎、鬲、簋、盘、铙、尊、角状器、镞、马饰及玉杯、玉饰等。陪葬墓内随葬陶器和原始瓷器。

母子墩墓位于丹徒大港南乔木山的山脊之上,封土墩高约5米,底径30米。墓内在墓基上用不规则石块围砌成石框,中

图一〇 丹徒烟墩山 2 号墓石床

间铺垫一层草木灰和席子，以防潮湿。墓内随葬青铜器分布有
序，按器物不同类别成组陈列，有鼎、鬲、簋、尊、卣、壶及
兵器、车马器等，并有几何印纹硬陶器和原始青瓷器。时代属
西周前期。

粮山 2 号墓位于镇江市东约 20 公里的粮山顶部。墓葬于
山顶开凿石穴，东西长约 12 米，南北宽约 7 米，石穴深 9 米。
穴底西端有一高出底面的狭长石台。二层石台上有一个殉人和
马牲遗骨。随葬器物有青铜盂、匜、削、器盖以及玉饰、陶器
和原始瓷器等。时代属春秋前期。粮山石穴墓的深挖竖穴、设
置二层台以及殉人祭牲等，反映出中原墓葬对吴国贵族墓葬俗
的影响。1979 年，在粮山西北出土一批春秋晚期的青铜器，
计有鼎 3、甗 1、罍 1、匕 1 件和印纹硬坛 1 件。这组器物可能

是同一座土墩墓中的随葬品[19]。

北山顶墓位于大港至谏壁间最高峰北山的顶部。封土高5.5米，底径约32米。墓坑是在山顶部将岩石修成平台后再下挖而成，由长方形墓室和长方形墓道组成，平面呈刀形。墓坑南北两面各有祭祀土台，台上各有一殉人，北侧为男性，南侧为女性。墓室被盗，残存铜矛和黑陶鼎、盆残片。墓道内随葬器物分上、中、下三层分别随葬青铜车器、陶器和青铜礼乐器、兵器、工具等（图一一），并在中层袝葬一女性。该墓年代经^{14}C测定和树轮校正后为距今2370年，属春秋晚期。

王家山墓位于丹徒谏壁王家山上。封土情况不详，墓室为长方形竖穴土坑，东西向，墓坑东西残长6米，南北宽约3米，

图一一　丹徒北山顶墓道内随葬品出土情况

深约 6 米。墓内东部为生土二层台，二层台上发现有人牙或人骨，随葬主要器物有青铜礼器、乐器、兵器、工具、车器和杂器等。二层台西为一方坑，坑内出土印纹硬陶瓮、泥质灰陶盆、纺轮等，其中 13 件硬陶瓮内多有谷类、鱼骨、牛骨、蛤壳等残迹，瓮口盖一灰陶盆，应是祭祀死者的祭祀坑。墓葬时代属春秋晚期。

青龙山大墓位于丹徒谏壁新竹村北的西青龙山顶峰，与北山顶墓东西相望。该墓为典型的仿中原式墓葬，墓葬在土墩中部，开凿墓坑的石块、石子、石屑等堆筑在墓坑四周，形成圈丘，平面呈圆形，直径约 30 米，丘垄宽 3~5 米，高约 1.4 米。墓坑位于圈丘正中，方向正东西向，为竖穴墓室带斜坡墓道，平面呈"甲"字形，全长约 25 米，封土直径达 60 米，由封土顶至墓底深达 10.5 米。墓道口左右两侧各有一祭祀二层台，上殉一男一女，墓室中有三匹殉马，并随葬大量海贝。该墓早年被盗，墓主尸骨身首不全，随葬的鼎、盘、匜等青铜碎片及编磬残件，散布于整个墓室内，墓底残留有戈、矛、剑等青铜兵器、车马器及鸠杖首。墓道内出有大型几何形印纹硬陶罐、盆等，其中装有牛、猪、羊、鸡、鸟、鱼等禽兽骨骸以及谷物。在主墓东侧 10 余米处有一小土墩墓，墓内随葬有戈、矛、剑、斧等青铜兵器、工具，当为一祔葬墓，可能是墓主的近侍。该墓年代经青铜矛木柲[14]C 测定和树轮校正后为距今 2370 年，属春秋晚期。

关于丹徒谏壁及大港一带发现的大墓，曾有学者认为这一带为吴国的王陵区，并进一步推断：烟墩山 1 号墓为周章墓，母子墩墓为周章之子熊遂墓，青龙山大墓可能为吴王寿梦之陵，北山顶墓则为吴王余眛墓[20]。另有学者将这类大墓划为宁镇地区大型土墩墓的甲类墓,认为其墓主身份可能属王侯一级[21]。亦有学者根据墓葬随葬器物的出土位置及器物组合,认为春秋晚期大墓大致按军乐器、车马器、兵器次序排列,以象征墓主生前出行时以军乐为前导,后随戎车和手执兵器士兵出行的场面,意在炫耀其作为军队统帅的显赫军威,从而推测墓主为吴国的高级军事将领[22]。

2. 六合程桥墓地

程桥墓地位于江苏省六合县西南 10 公里的滁河北岸。自 60 年代中叶至 80 年代后期,先后发掘三座墓葬,均系竖穴土坑墓。

程桥 1 号墓[23] 呈东西向,墓室南北长 4.5～7.33 米,东西宽 4.03～3.36 米,墓内棺椁葬具已朽,仅在墓室西北部残留一片赭色漆皮和人牙 8 枚。随葬器物 68 件,以青铜器为主,计有鼎、缶、匜、编钟一套 9 件以及兵器、工具、车马器等,其中编钟铭文中皆有"攻敔"二字,"攻敔"即勾吴,是吴王夫差时代的国名,此外还出土少量陶器、玉器及铁丸。根据出土遗物,此墓为春秋末期的吴国贵族墓葬。

程桥 2 号墓[24] 在 1 号墓西 100 米。墓室呈长方形,东西长 5.1 米,南北宽 4.5 米,葬具人骨已朽,仅存漆皮残迹。随葬器物 50 件,以青铜器为主,计有鼎、匜、编钟一套 7 件,编镈一套 5 件,皆刻有铭文,已漫漶不清。另有戈、矛、剑、镞等兵器以及工具、车马器等,还有少量陶器及铁条一件。该墓出土器物与程桥 1 号墓相似,也属春秋末期的吴国贵族墓。

程桥 3 号墓[25] 在 1 号墓西约 80 米。墓室已被破坏。随葬品仅存 12 件,计有铜鼎、甗、盘、簋、匜、舟、剑、勺和几何印纹陶罐等。其中盘、匜、簠三件青铜器铭文说明分属吴国、罗国、曾国之器，可知程桥墓地系投奔吴国并与吴联姻的罗国贵族臧公家属墓地[26]。

3. 苏州真山墓地

江苏省苏州市真山东周墓地是一处春秋晚期至战国时期的吴楚贵族墓地。真山坐落在苏州市浒关镇西北约 1.5 公里处，主峰海拔 76.9 米。真山山体分大、小真山两个山脉，共发现土墩 57 座，其中大真山上 51 座，小真山上 6 座。1994～1995年，苏州博物馆和吴县文物管理委员会联合组成真山考古队，对大真山最高点的 9 号墩进行考古发掘[27]。

真山大墓从山体基岩向下凿成墓穴，墓上堆筑高大的封土墩，封土顶部东西长 26 米，南北宽 7 米，底部东西长 70 米，南北宽 32 米，墓底至封土顶高 8.3 米。封土直接在山体基岩上堆筑，分内封土和外封土，内外封土均经夯实。墓呈长方形，东西长 13.8 米，南北宽 8 米，深约 1.8 米。墓坑四周凿有不规则的二层台，东部有顺山势向下倾斜的墓道。墓室西侧设有棺床，系用石块、泥土堆筑而成。墓内棺椁、骨架均已腐朽。根据残存的漆皮位置与范围，棺椁位于墓室中部偏西处。棺床上出土多层叠压的彩绘棺漆皮残片，经科学处理后为七棺二椁，每层纹饰皆为红、黑、白色彩绘兽面纹。该墓早年被盗，大部分随葬品被劫掠或扰乱，仅存少量玉器、陶器、原始瓷器及天然贝与绿松石贝形饰等。其中部分葬玉经复原为墓主入葬时的缀玉瞑目和珠襦玉甲葬服。根据真山大墓的出土遗物，可确定该墓时代属春秋时期。从墓葬规格和随葬器物分析，墓主应为吴国王室贵族。有的学者推断真山大墓的墓主可能为吴王寿梦[28]。

4. 固始侯古堆大墓

1978 年在河南省固始县侯古堆发掘一座春秋晚期的大墓（编号为侯古堆 1 号墓）[29]，墓主人系一女性。据墓内出土铜簠铭文看。此器为宋景公为其妹季子（勾敔夫人）所作的媵器，伴出的还有吴国土墩墓中常见的印纹硬陶和原始瓷罐、杯等，表明这座墓的墓主很可能是吴国贵族。

侯古堆大墓主墓平面呈"甲"字形，东西长 12 米，南北宽 10.5 米，深 17 米，墓上有高达 7 米的封土。墓内积沙积石，并掺有少量青膏泥。墓坑东端筑斜坡状墓道。墓坑内置单棺双椁，经人骨鉴定，墓主为一个 30 岁左右的女性，随葬器物有铜器、玉器和陶器，还有用人头盖骨加工制作的器皿。椁室内外发现殉葬人骨 17 具（图一二）。在主墓南面相距约 13 米处另设一比主墓略小的器物坑，坑内也有木椁室，内置九鼎、

图一二　固始侯古堆 1 号墓棺椁及殉葬墓

簋、壶、盖豆、缶、炉及成套编钟、编镈等青铜礼器，还有青铜车马器、三乘竹木肩舆以及木瑟、木鼓、镇墓兽等随葬器物。固始在春秋时代为楚国的番邑，据《史记·吴太伯世家》记载，吴王阖闾十一年（公元前504年）"吴王使太子夫差伐楚，取番"。该墓出土楚国"鄱子成周"铭编钟，很可能就是当时的战利品，后来被随葬入勾敔夫人墓内。关于墓主人的身份，有的学者认为勾敔夫人应为吴王僚或吴王阖闾的夫人，后来又改嫁番子成周，实为番子成周夫人墓[30]。另有学者认为勾敔夫人为吴太子夫差夫人[31]。

5. 吴国中小贵族墓

在吴国疆域范围内，除丹徒沿江、六合程桥、苏州真山三处贵族墓地及河南固始侯古堆大墓外，在安徽屯溪、繁昌和江苏溧水、丹徒、丹阳等地，还发掘清理了随葬青铜器的吴国中小贵族墓葬。

屯溪位于安徽省新安江上游南岸一带。自50年代末至70年代中叶，屯溪市西郊弈棋先后发掘了8座土墩墓，共出土各类青铜器105件，其中1号墓[32]和3号墓[33]出土的青铜器种类和数量较多。

屯溪1号墓分布于岗峦中脊。封土残高1.75米，直径33米。墓底呈长方形，地面上加铺一层鹅卵石，墓底东北角有一向下低的三角形区，也用鹅卵石铺砌，其底部靠近墓底的地方用四块大小略同的鹅卵石嵌砌成圆形的四瓣花。随葬器物排列有序，分为两组，西边一组以青铜器为主，有鼎、簋、盘、尊、卣、五柱器等青铜礼器12件，其中一件为有铭的父乙尊，其西南侧叠置原始瓷豆、盂、碗；东边一组以原始瓷器为主，计有尊、铷、罐、盂、豆、碗，偏南边有尊、铷、豆和素面铜簋，居中全为原始瓷罐，偏北为原始瓷豆、盂和铜鼎、铜鸟饰等。该墓随葬铜鼎数量为偶数，与中原列鼎数目皆为奇数不同，反映出皖南的地方特色。

屯溪3号墓在1号墓南约500米处。墓室无墓穴，平地堆土成墩，墓底未用鹅卵石铺砌作底面，仅在东、南、西三边发现三条断续铺砌的界线，墓室东西长约7米左右，南北宽约5米左右。随葬器物有青铜器、陶器和原始瓷器。青铜器置于墓的南边，有圆鼎、方鼎、簋、尊、卣、盘、牺尊、方盂、独柱器、剑等，其中一件为有铭的公卣。陶器和原始瓷器置于墓西北和东边。

屯溪墓地中1号和3号墓出土青铜器数量较多，其中父乙尊和公卣可能是中原地区传入皖南的铜器，可见墓主人为地位较高的贵族。关于上述墓葬的时代，学术界尚有不同看法，一种意见认为屯溪1号墓属西周早期，屯溪3号墓约当西周中期[34]；另一种意见则认为上述墓内出土的中原青铜器并非墓主所有，其时代早于同墓中的地方型青铜器，因此认为屯溪地区土墩墓的时代应在春秋中晚期[35]。

溧水乌山2号墓和宽广墩墓为随葬青铜器的贵族墓葬。乌山2号墓位于溧水岗沿山西侧中部，原为高约2米的土墩，土墩中央生土层上有用天然石块平铺的长方形"石床"，呈东西向。随葬器物有青铜方鼎、提梁卣、戈以及夹砂红陶、黑陶、印纹硬陶、原始瓷器等。时代属西周早中期[36]。宽广墩墓位于溧水县城南的低山丘陵上。墓葬形制为南北向的竖穴浅坑土墩墓，墓底铺草木灰。随葬器物已破损散失，仅存铜匜一件和印纹陶坛、原始瓷罐、碗等，估计原与铜匜一起尚有一组青铜礼器。该墓年代应属西周晚期[37]。

丹徒县大笆斗墩墓封土高 4.25 米，直径 39 米。墓葬位于封土中部，为长方形竖穴墓坑，平面呈 T 字形，墓坑四壁用竹篱笆围成墓室，其外堆土形成竖穴深坑，中间的长方形椁室底部有生土台棺床，棺床四周均有柱洞，柱子周围还嵌有大小不一的石块，使柱洞遗迹与生土台棺床浑然一体，估计原有墓内建筑。随葬品全部置于生土台之上的椁室中，计有青铜剑、凿及原始瓷尊、豆、碗、罐等。时代属西周晚期[38]。丹徒县磨盘墩墓为长方形竖穴土坑，墓底东西长 4.6 米，南北宽 1.1 米。随葬器物有青铜尊、匜和车马器、几何印纹硬陶、原始瓷罐等，另有 178 枚海贝。时代为春秋中期[39]。

丹阳市大夫墩墓较为特殊，墓葬形制规模巨大，封土高达 12 米，底径达 60 米。该墓平面略呈环形，于环丘中部挖小坑，东部垒砌石块，接着堆筑墓坑，西部以木棒拍打，东部以竹篱笆为挡墙，挡墙内侧以木桩相抵，筑成东、南、北三壁墓坑，然后分两次筑成西壁。墓坑东半部用大量石块堆砌成平面略呈"凹"字形的积石遗存，中部砌成长方形狭道，西面不封口。狭道底部石块上有木炭，狭道两侧积石平台台面中部各铺有一层席子。西壁有二层台，墓室中部有一长方形竖穴小坑的椁室，其上覆盖竹席。随葬器物皆出于椁室内，有铜泡和原始瓷罐、碟等 9 件，年代应为春秋早期[40]。

1979 年，安徽省繁昌县汤家山山顶靠南边出土一批春秋早中期的青铜器[41]，器物成西行南北向排列，共 13 件，包括方鼎、圆鼎、瓿、簠、盘、铙、甬钟、鸟形饰等青铜礼乐器。根据调查，这批青铜器属一座贵族墓葬的随葬品。墓葬形制是长方形竖穴土坑墓，墓上原应有封土墩。此墓随葬青铜礼器的组合多为偶数，与中原礼制不同，当受到楚文化的影响。

1995 年安徽省青阳县龙岗发掘 2 座春秋墓[42]，其中 1 号墓为长方形竖穴土坑木椁墓。墓底长 5.10 米，宽 3.57 米，深 3.15 米。墓内置有一棺一椁的主棺、陪葬棺和边箱，葬具系用整段圆木剖制而成的独木棺。随葬器物有铜鼎、瓿、铎、戈、矛、剑、镞、削、陶罐、豆以及漆盒、樽、枕和竹木器等，时代为春秋晚期。该墓椁室形制、青膏泥封护和出土一对楚式鼎等，反映出楚文化东渐和吴楚文化相互交融的情况。墓内发现殉人一具，证明墓主属贵族阶层。

6. 绍兴越国贵族墓

1982 年春在绍兴城南坡塘狮子山西北坡发掘一座残墓（编号为绍兴 306 号墓）[43]。该墓是一座阶梯式墓道带壁龛的竖穴土坑木椁墓。墓室平面略呈方形，西壁已破坏无存，墓室南北长 8.14 米，东西残宽 2.5～5.4 米，深 2.8 米。南壁有壁龛，龛内置铜鼎、瓿、伎乐铜屋模型及陶罐、豆等，并发现有丝漆残痕，龛口可能原有木门封堵。壁龛下方有土台，土台西段置一铜洗，铜洗以北有一铜质方形插座，其上原插有木杆及附着物。土台之西发现大量朱红色漆器印痕，漆器内原置铜刀、削、刻刀、玉耳金舟等器物。土台以北棺木范围内散布着大量的玉、水晶、玛瑙、绿松石饰品以及零星骨渣。从现象判断，墓内原有木椁。墓室东壁南端设阶梯式墓道。

绍兴 306 号墓早年经盗掘扰乱，残存随葬器物 1244 件。其中铜器有鼎、瓿、瓿盉、镳盉、罍、鉴、尊、壶、豆、洗、炉、伎乐铜屋模型、插座、阳燧、刻刀、削、刀、凿等，玉器有琥、瑗、璜、觿、环、龙形佩和各种珠、管饰物，金器有玉耳金舟、鎏金嵌玉扣饰、小金饼、小金片等，还有泥质灰陶罐、豆等，其中伎乐铜屋、嵌玉耳金舟、铜尊、铜插座等精品令人叹为观止。墓内出土的汤鼎和铜炉两件带铭文的徐国青铜器，应是从吴国得到的战利品，因此该墓时代应属战国初期。根据墓内出土的随葬器物的类别，有的学者推断墓主人可能是越国相当于卿大夫的巫祝一类人物[44]。也有学者认为绍兴306号墓并非越墓，而是徐国墓葬，其入葬年代上限在春秋中期偏晚，下限不超过春秋晚期[45]。亦有学者认为该墓主人可能是入仕于越国的徐国贵族或官吏[46]。

1997年，在绍兴城东约10公里的凤凰山东坡，发掘清理了一座战国墓[47]。该墓为长方形竖穴土坑木椁墓，木椁长8.4米，宽2.8米，残高0.68米，四壁用枋木叠砌，转角处有榫卯衔接。木椁四周填有白膏泥。椁内底铺有竹席，未见椁盖。木椁分为前后两室，前室为主室，椁底用枋木南北向横铺，每根枋木间均留有空隙，以便滤水。前室中部在横铺的枋木上面，又东西向纵铺一排枋木，上置佩剑、玉饰片等，前室的前后两端椁底均放置随葬品。后室椁底亦用枋木横铺上置印纹陶和原始瓷器。随葬品共94件，其中一件为越王不光玉矛，为越王翳的玉礼器，同出的还有玉瑗、玉环、玉镦、玛瑙杯和铜剑、镞、环等，可见墓主应是越国贵族。时代约当战国中期。

（三） 中小型土墩墓

吴越两国除大型贵族墓葬外，还发现数量较多的中小型土墩墓葬。由于吴越两国各区的地理位置及其各自的历史渊源，在两国范围内不同地区墓葬的特点、葬制及其发展序列，都存在着一定的地域差异，因而必须对吴越两国的各类墓葬进行分区研究，以探索各区域墓葬的特征及其演化过程。

1. 宁镇地区

宁镇地区是指以宁镇山脉为主体，东至茅山山脉，西抵九华山脉，南达黄山、天目山山脉，北临长江并延伸至与宁镇地区一江之隔的蜀岗丘陵一带。这一地区三面环山，一面临水，形成了一个相对独立的地理单元。宁镇地区除了丹徒沿江地区大型贵族土墩墓外，盛行中小型土墩墓。根据本区内不同区域的葬俗和出土遗物的特征，可将这一地区分为茅山西麓、茅山东麓和漳河流域三个小区。

茅山西麓为宁镇山脉的中心地区。这一小区土墩墓分布最为密集。除了丹徒沿江大型土墩墓外，还在江苏句容、丹徒、溧水、丹阳、高淳以及安徽郎溪等地发掘了一批中小型土墩墓葬。这类土墩墓通常选择岗阜山坡，不挖墓穴，一般作平地掩埋，封土成墩，也有带浅墓坑的土墩。封土呈圆丘状。根据土墩墓内部的埋葬情况，可分为一墩一墓和一墩多墓两大类。

一墩一墓在宁镇地区自西周前期即已开始出现。经过发掘的有溧水乌山墓[48]、丹徒四脚墩墓[49]、南岗山[50]、石家墩墓[51]和丹阳大仙墩墓[52]等。这类墓大多为平地掩埋，即直接埋葬于生土或加铺的垫土之上，有的墓底用天然石块铺砌成椭圆形或不规则形石床，或以石块围成长方形石框，有的墓四周以石块垒筑矮墙，个别墓内铺垫草木灰。除平地掩埋的无穴土墩墓外，也有少量的挖有浅穴的土墩墓。墓内均不见葬具。随葬器物有夹砂陶、泥质陶、印纹硬陶和原始瓷器。

1986年，在丹徒四脚墩发掘了两座土墩墓，系平地掩埋，墓向均为东西向。4号墓骨架周围有一经过烘烤焙烧的浅坑。6号墓的长方形墓坑用石块垒成高50厘米的石椁。墓内随葬夹砂陶、泥质陶、印纹硬陶、原始青瓷器，炊器为夹砂陶鬲，通体有烟炱痕迹，系实用炊具。此外还出土玉璧和绿松石块。墓上有两次封土现象，在第二次封土之前，又在首次封土之上放置鬲、坛等器物，然后再加二次封土，当为当地土著居民的祭祀方式。根据出土器物，墓葬时代属西周晚期。

1990 年，在丹徒县南岗山发掘 14 座土墩，分东西两组，每组的大土墩内无墓葬，墩底平铺一层细砂土，然后堆成直径 30 米以上的大土墩。小土墩的墓葬头向均朝大土墩。小土墩直径为 14～20 米，高 2～3 米。土墩内部结构比较复杂，有平地掩埋或铺设石床型墓，也有长方形浅坑或深坑墓。除 14 号墩为一墩多墓外，其余皆为一墩一墓。在 12 号墩中发现木质葬具。随葬品的基本组合为夹砂红陶鼎、印纹硬陶坛、印纹硬陶罐及硬陶盂或原始瓷豆、碗等。墓葬多有二次封土，两层封土之间有陶坛、罐等，当为祭祀用器。墓葬时代大致在春秋前期。

1981 年，丹徒东南 15 公里的石家墩清理一座土墩墓，为长方形土坑形制，墓内发现棺木的朱红色漆片痕迹，随葬器物为原始青瓷罐、豆一套器物。三件原始瓷罐排列有序，呈鼎足形，每件罐口上覆盖两只叠置的原始瓷豆，时代约当西周中晚期。该墓形制和随葬器物与宁镇地区西周墓风格迥异，而与东面太湖地区同期墓葬相似，有可能受到太湖地区葬制的影响。

一墩多墓在宁镇地区比一墩一墓出现得晚，大约自西周中期在茅山山脉西麓的句容、溧水和茅山南麓的高淳等地开始出现。经过发掘的主要有句容浮山果园[53]、溧水柘塘蔡家山[54]、乌山岗沿山 4 号墩[55]、凤凰井[56]、和凤[57]以及高淳顾陇和永宁[58]等。这类土墩墓内往往埋葬两个以上同期与前期墓葬，有的多达 10 座以上。年代最早的一般居于土墩底部中央，以后的墓多在早期墓的封土面上稍加平整或挖浅坑后再掩埋，其位置靠近土墩中部或近土墩边缘。各墓的时代先后一般在数年或数十年之间，少数墓相差百年上下。

自 70 年代中叶以后，句容浮山果园先后发掘 10 座土墩墓。各墩内埋葬墓的数量不等，最少的 5 号墩内有 3 座墓，最多的 1 号墩内有 16 座墓。其中以平地掩埋的无穴无石床型为主，少数墓底用麻卵石铺设石床，个别墓挖有浅坑并经烧烤。各墓均无葬具。随葬品一般在 20 件左右，主要有夹砂陶鼎、甑、鬲、釜，泥质灰陶坛、罐、盆、钵，印纹陶坛、罐，原始瓷罐、豆、盅、盘、盖等。其中鼎、鬲、甑等炊器都有烟熏痕迹，为实用炊器。随葬品中的泥质灰陶大口器形制特殊，不见于其他地区。根据随葬器物的特征，可看出同一土墩内的各墓分别埋葬于不同时期。句容浮山果园土墩墓的年代自西周中期一直延续到春秋晚期。

1972 年，在溧水县柘塘蔡家山一座土墩墓内，共发现 4 座墓葬，均为平地堆土掩埋，封土成墩。随葬器物有带把手的夹砂红陶鼎、夹砂陶鬲，印纹陶坛、罐，泥质陶盘、盆，原始瓷盅等，时代应属于春秋晚期。1978 年发掘的溧水乌山岗沿山 4 号墩，墩内发现两座墓葬，两墓底高低相距约 25 厘米。随葬品为夹砂红陶鼎，印纹陶坛、罐，泥质陶罐、瓿、豆，原始瓷豆等。墓葬时代为西周前期。1980 年，在溧水凤凰井发掘一座土墩墓，墩内有 6 座墓葬，属平地掩埋。随葬器物有夹砂红陶鼎、釜，泥质陶坛、罐、盆、盘、钵、碗、器盖，印纹陶坛、罐、盂，原始瓷罐、豆、碗等，另出土一件青铜矛，时代约当春秋中期。1991 年发掘溧水和凤 2 号墩，顶部发现有圆形石砌祭台，这是当时特有的祭祀活动方式。

1980年，在高淳县顾陇和永宁发现一批土墩墓，均为一墩多墓，在墩内的多组陶器中，有不少是属于同一时期的，也有一定数量的墓与前期墓共处一墩。在高淳顾陇与永宁土墩墓中还发现有瓮棺葬，系用一件大型的印纹陶坛作为葬具，坛口覆盖泥质红陶盆，坛内尚残留骨屑，当为埋葬儿童的葬具，反映出茅山南麓地区独特的埋葬习俗。

茅山东麓位于宁镇地区东部，与太湖地区相邻。这一地区经过发掘清理的有金坛鳖墩墓[59]和连山墓[60]。1975年发掘的金坛鳖墩墓，南北长9米，东西宽15米，残高2米，是一座平地堆起的土墩。墩内有两座墓葬，其中1号墓墓底平铺一层长方形木炭。随葬器物有几何印纹陶罐，原始瓷罐、盂、盖碗，夹砂红陶鼎、釜等。时代属西周晚期至春秋早期。1991年在金坛连山发掘三座土墩，均为一墩一墓，墓葬位于中心土墩内部，墓底用大小不一的石块铺成石床，随葬品位于石床中部和南部，计有陶鼎、瓿、盂、豆、印纹硬陶坛、原始瓷碗等，伴出有牙齿和残骨。墓葬周围不同层位上出土有多组器物群，其中1号墩有7组器物群，2号墩有3组器物群，3号墩有13组器物群。这些围绕中心墓葬的多组器物群，有陶鼎、罐、印纹陶坛和原始瓷碗等，其中碗、盆等器物都作为器盖覆盖于鼎、罐、瓿、坛一类器物的口部，可能是当时人们建造土墩时的祭祀器物群。墓葬时代1号墩为西周晚期至春秋早期，2号墩、3号墩为春秋早中期。茅山东麓土墩墓内随葬器物以几何印纹硬陶器为主，夹砂陶和泥质陶次之，原始青瓷器数量较少，炊器以鼎、釜为主。这与茅山以西的土墩墓既有共性也有极为显著的区别，反映出茅山东麓土墩墓的地域特色。

皖南地区土墩墓分布密集。除屯溪、繁昌等地发掘过随葬青铜器的大型土墩墓外，1989 年在南陵县东南千峰山发掘 18 座土墩墓[61]，这些土墩墓群大多建造在山坡或山垅顶部，少数建在新石器时代晚期遗址之上。18 座土墩中有 6 座为不见随葬品的空土墩墓，其余 12 座墓中，除 16 号墩为上下叠压两墓的一墩多墓外，其他均为一墩一墓。墓葬系利用原来的地平面稍加平整，不挖墓坑，平地起封，外形呈馒头状。墩内墓底不加铺垫，不见棺木葬具及人骨残骸。随葬品放置在土墩中心位置，成组器物集中堆放。随葬器物数量较少，主要有印纹硬陶器、原始瓷器、夹砂红陶器等，大多是实用器。炊器有鬲、甗，以带竖向细绳纹的平底或袋足甗和饰细绳纹的鬲为特色，并流行具有地方特色的印纹硬陶双环耳罐、夹砂红陶束腰袋足盉和带把平底盉等器物。这批墓葬可分早晚两期，早期约当西周中期，晚期应属西周晚期。

2. 太湖地区

太湖地区以环太湖周围为中心地区，东至海边，西靠茅山东麓，北临长江，南抵杭州湾以北的杭嘉湖平原。本区除分布有土墩墓之外，主要流行石室土墩墓。

石室土墩墓又称石室墓，这类墓室大多在山上用石块垒筑长条形墓室，然后堆土成墩，从外观上看与土墩墓相同。据《越绝书》记载："巫门外冤山大冢，故越王王史冢也。"《吴越春秋·阖闾内传》载："齐子使女为质于吴，吴王因为太子波聘齐女，女少思齐，日夜号泣，因乃为病，阖闾乃起北门，名曰望齐门，令女往游其上，女思不止，病日益甚，乃至殂落。女曰：'令死者有知，必葬我于虞山之巅，以望齐国。'阖闾伤之，正如其言，乃葬虞山之巅。"文献记载印证了石室土墩遗存是吴越民族的一种埋葬形式。

根据现有考古资料，石室土墩墓最早出现于西周中期。这类墓葬可能是从早期的土墩墓发展而来，最早为平地起墩，进而在墓底用卵石铺设石床，再发展成墓底四周用石块围砌成石框，由石框发展为四边垒砌石壁成石椁，最后成为长条形石室土墩墓。因此，石室土墩墓是土墩墓的一种类型。石室土墩墓的产生与太湖地区有板状结构基岩的自然条件紧密相关。根据对太湖地区石室土墩墓分布规律的遥感考察与研究，这类墓葬主要分布在 50～200 米的低山丘陵上，200～300 米山上分布渐疏，300 米以上山稀见。一般均选择在朝阳的山坡上，如太湖西北岸的城湾山区的四顶上、大茅山、庙堂山、龙泉山和腰沿山等大小十余座相连的群山上，约有二百余座土墩。而且大多分布在面朝水面一侧的山体上，如吴县七子山、上方山一带，面水一侧的山坡上石室土墩分布密集，而背水一侧山坡上的土墩明显减少。这类石室土墩在山顶、山坡和坡麓皆有分布，沿山脊线上分布最多，呈串珠状单行排列，疏密间距不等。一般大型土墩在山顶高处，且排列稀疏，中小型石室土墩则分布于侧翼较低处，而且分布密集。石室土墩方向大多作东西向，明显反映出石室土墩墓具有比较一致的头向。

太湖地区的石室土墩墓主要分布在环太湖周围的江苏苏州、吴县、常熟、江阴、无锡、宜兴、武进和浙江长兴、湖州、安吉、德清、海宁等地。据初步统计，太湖地区石室墓的总数约在 2700 座左右。根据墓葬的分布和葬俗特征，可将本区分为太湖北部和太湖南部杭嘉湖地区两个小区。

太湖北部地区墓葬主要分布在环太湖的山区和平原土墩山。除大型贵族墓外，主要有土墩墓和石室土墩墓两类。

小型土墩墓大多位于平原地区的土墩或新石器时代村落遗址之上。经过发掘清理的有吴县草鞋山[62]、夷陵山[63]、苏州越城[64]、昆山少卿山[65]、赵陵山[66]、上海金山戚家墩[67]等。这类墓葬不挖墓坑,采用平地掩埋。仅在新石器时代的遗址之上发现排列有序的几组原始瓷和印纹陶,器物一般呈东西向排列。无锡华利湾西周墓则挖有长方形浅坑,然后封土成墩[68]。随葬器物有印纹硬陶瓮、罐、瓿和原始瓷豆、尊,年代属西周早期。位于新石器时代遗址上的土墩墓,年代一般自春秋至战国早中期。石室土墩墓主要分布在太湖北部及西部的山顶、山脊或山麓坡地上,筑墓时选择山顶或山脊较平整的石面,就地取材用石块垒成长条形石室,大多作东西向,顶部用大石覆盖,然后用土石封成馒头形土墩。太湖北部石室土墩均为一墩一墓,也不见与土墩墓错杂分布在同一山上,墓内也不见随葬品上下叠压和打破现象,与太湖南部杭嘉湖地区存在着明显的地域差别。经发掘的有吴县五峰山[69]、借尼山[70]、苏州上方山[71],常熟虞山西岭[72],江阴大松墩[73],无锡嶂山[74]、璨山[75]、庙山[76],宜兴丁蜀南山[77]、黄梅山[78],武进大茅山[79]、四顶山[80]、腰沿山[81]等。

吴县五峰山自 1954 年首次发掘 3 座土墩后,1983 年,又在五峰山及其相邻的借尼山发掘了 24 座石室土墩墓。土墩底径一般为 20~30 米,高约 4 米。墩内为块石垒砌的长条形石室,分墓室和墓道两部分,其间石壁稍向内突,其上置厚条石。墓室内壁面和底部均较平整,有的用片石铺底。石室顶部覆盖条石,墓道内用块石垒砌封门墙。五峰山石室外部大多用石块垒筑一二道护坡。各墓随葬器物一般为二三十件,以印纹硬陶和原始瓷器为主。年代属春秋早中期。

常熟虞山西岭发掘了3座石室土墩，其中1号墩位于山脊主峰上，规模最大，墩南北长52米，东西宽50米，高约10米，石室通长28米，高8米。2号墩和3号墩均地处山坡上，规模不大，三座墩的结构均分石室和墓道两部分，用石块垒砌，从下往上略内收，石室后壁及两侧内壁加工平整，石室上有盖顶石（图一三）。石室前与墓道相接，墓道内用乱石封堵。其中2号墩周边砌一层石块为护坡石，墓室都呈东西向。随葬器物绝大部分为原始青瓷器，并有少量的印纹硬陶、泥质陶和夹砂陶，时代相当于西周晚期至春秋早期。

太湖西北部武进城湾山和宜兴洑东山区石室土墩墓分布密集。1981年在两山发掘了9座石室土墩，分别位于山顶、山脊和坡垄之上。石室结构基本相同，石室均作长方形，规模大小相差悬殊，大的石室长10.7米，宽1.16米，高2.1米；小的石室长5.88米，宽0.8米，高仅1米。墓口多朝向山的顶

图一三　常熟虞山西岭石室土墩墓2号墩两侧及后壁

部，多垒石于墓口作为封门，有的在室内砌封墙。顶部平铺扁平大石块作为盖石，有的墓底铺垫石片或小石块。石室周围和上部覆盖封土成墩。随葬器物以印纹硬陶和原始青瓷为主，另有少量泥质陶，均不见炊器。年代为西周中晚期至春秋早中期。

太湖南部杭嘉湖地区的墓葬，经过发掘的有长兴便山[82]、石狮[83]，吴兴苍山[84]，湖州堂子山[85]、安吉长抗坞[86]，德清皇坟堆[87]、独仓山、南王山[88]以及海宁夹山[89]等。其中以长兴便山、德清独仓山和南王山土墩墓群最为重要。

1982年，浙江省文物考古研究所在长兴便山共发掘了37座土墩，其中土墩墓3座，石室土墩墓34座，两类土墩墓错杂分布。土墩墓全部用泥土堆封而成，未见墓穴。墩底放置多少不等的块石，随葬品有印纹硬陶瓮、坛和原始瓷碗等。石室土墩墓在土墩内垒砌长条形石室，一般通长6～10米，底宽1.1～1.4米，高1～2米，其中最大的D429通长16米，底宽2米，高5.5米（图一四），最小的D494通长仅4.7米，底宽1.1米，高2米。石底内底部多数用灰黄色夹碎石山土或用石片铺垫平整。石室一端有封门，采用块石杂乱堆积或用条石、块石叠成大体整齐的封墙，封墙外通道内用土石填堵，石室外堆封土石成椭圆形土墩，土墩边缘常用块石垒叠成比较整齐的矮护坡。随葬器物以印纹硬陶和原始瓷器为主，还有少量的泥质陶和夹砂陶器，器物组合为印纹陶瓮、坛、罐、瓿和原始瓷豆、碗。在这批石室土墩墓中，有4座石室土墩墓内发现上下两层随葬器物，两层之间相隔0.3～0.7米的泥土和石块，上下层遗物的时代有早晚差别，反映出当时有二次葬的埋葬习俗，似属同一家族二次葬的墓葬。长兴便山土墩墓的年代自西

图一四　长兴便山429号墩石室土墩结构外观

周中晚期一直延续到春秋中晚期。

　　长兴西南的石狮村土墩分布密集，1989年在石狮村的四条土岗上发掘清理了35座土墩共30座墓葬。其中多数为平地堆土成墩，部分土墩墓有长方形浅坑，墓底用一层鹅卵石铺设长方形石床。另有三墓形制比较特殊，先挖浅坑，再用较大的卵石垒叠成东西向长方形拱顶状，边框一周石块排列整齐，内部填满石块。除3号墩为一墩一墓外，其余均为一墩数墓，最多的2号墩内有11座墓葬，年代从西周早期至春秋中期。

D4M6 土墩内发现有卵石铺设的两条并列长方形石床，石床间设低于床面的浅沟，两侧设散水。两石床上随葬的印纹陶、原始瓷和夹砂陶、泥质陶等基本相同，推测可能为一合葬墓。墓底发现板灰痕迹，为吴越地区土墩墓内首次发现木质葬具的实例。根据部分墓葬的叠压打破关系及随葬器物的排比，长兴狮子山土墩墓的年代要早于便山土墩墓，年代从西周早期至春秋中期。

1989 年，浙江湖州市堂子山发掘 5 座土墩墓，其中 D211 石室墓和土墩墓共存一墩，土墩墓时代属西周早期，至西周中晚期，又在原土墩墓封土上开挖东西向沟槽至原生岩，然后垒砌石室，这座土墩墓经历了前后不同时期的两次起封过程。D202 内有两座石室墓共存，两墓呈 T 字形分布，由于破坏严重，未见两室之间的相互关系。D216 石室墓中石室的后部、中部和前部集中放置三组器物，时代分别属西周中晚期、春秋早期和春秋晚期至战国时期。这种多次使用的石室，可能反映了同一家族先后使用墓室的特殊葬俗。

1999 年至 2000 年初，浙江德清县独仓山和南王山发掘了 11 座土墩墓，其中土墩墓 5 座，石室土墩墓 6 座。土墩墓结构分平地掩埋型、石床型和石框型三种。平地掩埋型土墩墓为平整山脊表面后直接覆土掩埋，不见墓框或墓室的明确边界。随葬原始瓷器和印纹陶器共 9 件，呈东西向直线排列，年代为西周早期。石床型土墩墓是在略经平整的山脊表面用小青石块紧密平铺成长方形石床，石床上的随葬品均为原始瓷器，分两组集中放置于东西两端，墓葬年代约当西周早期偏晚。石框型土墩墓是在经平整的山脊表面用大小不一的块石围成，墓框呈规整的长方形，石框由多道石块围成，在东端正中有缺口作为

墓门，缺口外侧用石块封堵，象征封门石。随葬器物主要置于
东部。石框以外的墩底下坡面垫土夯筑。根据随葬原始瓷和印
纹陶器判断，墓葬年代应为西周中期。石室土墩墓用石块垒筑
成长条形石室，墓口无封门块石，顶部亦不见大石覆盖。在石
室外北侧有石护坡围护。石室内发现上下叠压的两组随葬器物
（图一五），分别为西周中期和春秋晚期两个时期的随葬遗物。

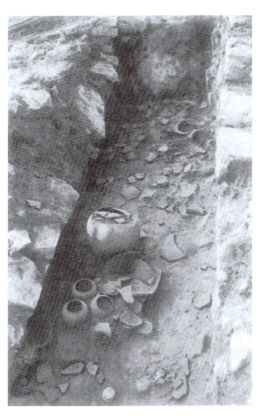

图一五　德清独仓山 8 号墩上层墓葬随葬品及
铺底陶片

除了这种上下分层埋葬外，还发现 D7、D9 在石室底部同一平面存在不同时期遗物分组放置的现象。这一现象在长兴、海宁和杭州湾南岸的慈溪等地的石室土墩墓中也有发现，表明杭嘉湖地区与宁绍平原有着较为密切的关系，很可能是受到宁绍平原越国石室土墩墓葬俗的影响。

1984 年，浙江海宁夹山发掘了 17 座土墩，其中土墩墓 10 座，石室土墩墓 7 座。两种不同类型的土墩墓错杂分布，同一墩内有相互叠压和打破的现象。随葬器物以原始瓷和印纹陶为主，还有少量的夹砂陶、泥质陶、磨石、陶纺轮和小件玉饰品等。时代跨度长，大致从商周之际至春秋中晚期，往往在同一墩内有不同时期的遗物。

太湖周围地区大量分布着石室土墩墓，有的学者认为石室土墩墓和土墩墓是属于两种不同文化的墓葬，根据其分布的区域、存在的年代和包含的内涵分析，土墩墓是吴人的墓葬，石室土墩墓是越人的墓葬[90]，从而证明从西周中期到春秋中期太湖地区一直是越人生活的地区。

3. 杭州湾—黄山以南区

杭州湾—黄山以南区，东自东海边，西至皖南秋浦河岸，北自杭州湾及黄山以南，南抵浙闽赣交界一带武夷山脉东西麓的延伸地带。这一地区大致正是春秋中晚期越国的疆域范围。根据现有的考古资料，本区除浙东南瓯江水系和浙闽赣交界一带分属不同的葬制外，可将本区的土墩墓分为宁绍平原和金衢丘陵两个小区。

宁绍平原地区位于杭州湾钱塘江以南，这里是越国的中心地区。在埋葬习俗上，宁绍地区存在着土墩墓和浅土坑墓两个不同的体系，在土墩墓中，除了无石结构土墩墓外，又出现了墩内构筑长条形石室的石室土墩墓；浅土坑墓又发展成为深土坑竖穴木椁墓。经过发掘的有慈溪彭东、东安[91]和上虞凤凰山墓[92]等。

1984年，浙江慈溪市彭东、东安发掘清理了11座土墩墓，其中土墩墓2座，石室土墩墓9座。两类土墩共存于同一山脊上。土墩墓为一墩多墓，两墩内共发现6座墓葬，墓葬结构除平地掩埋外，还有挖长方形浅坑，坑壁用小石块筑成石框。晚期土墩墓底部用小石片平铺成"石床"，在"石床"上铺设木炭，墓室一端用不规则石块砌成墓道。这类石室墓的时代自西周前期至春秋前期。从春秋前期开始出现石室土墩墓。石室的建筑方式有两种：一是在原地平整后建造石室；另一种是先挖浅坑，然后再在坑内砌筑石室。石室平面呈长条形、凸形或刀形。石室结构上窄下宽，断面呈梯形，顶部用大石覆盖，墓底铺小石片或砂砾层，墓内用石块筑成1～3道封门墙，有的在封门墙外或墓道口再用大石块封堵。封土为砂质土夹小石块，在石室与封土之间至封土外缘围筑1～3重长方形护坡石。土墩墓和石室土墩墓随葬器物一般以原始瓷器为主，并有几何印纹硬陶、泥质陶及少量的夹砂陶器。石室土墩墓的年代自春秋前期一直延续到春秋末期至战国初期。

浙江上虞县凤凰山西北麓的小山丘上，发掘清理了土墩墓3座、长方形土坑墓3座。均为平地封土成墩，有的先在平地上铺一层砾石块，然后堆筑封土。墓内随葬品极少，器物组合为印纹陶罐和原始瓷豆、盂，年代为西周前期。

金衢丘陵地区位于浙江西南部。根据考古发现，吴越地区流行的土墩墓葬制即起源于这一地区。经过发掘的有浙江江山肩头弄[93]、小红岗[94]，衢州西山[95]、东山[96]，淳安左口^[97]，义乌平畴^[98]，东阳六石^[99]，江西上饶^[100]、玉山^[101]和福建光泽^[102]等地。

1977 年，浙江江山县肩头弄发掘了一批土墩墓，规模较小，有的甚至没有明显的土墩，一般墩内没有石结构，均为一墩一墓。发掘者采用按器物组合、分类研究等方法，首次对当地土墩墓的分期及其特征作了探讨。江山土墩墓可分为四期：第一期以着黑陶、泥质陶和印纹陶共存，器物组合为高颈折肩凹底瓮和侈口鼓腹圜凹底罐，均拍印斜向方格纹。年代为夏代至商代早期。第二期着黑陶已基本不见，开始出现原始青瓷器，器物组合为卷沿短颈圜底内凹瓮、高颈溜肩深腹坛、敞口球腹圜底内凹罐和敛口浅腹原始瓷豆。印纹陶纹饰有直角相交的席纹和圆角云雷纹。年代为商代中晚期。第三期仍以印纹硬陶为大宗，但原始瓷的数量迅速增加，器物组合为小口卷沿弧腹瓮、敞口矮颈圆肩坛、敞口卷沿圆腹罐、敞口扁鼓腹大平底瓿、敛口深腹豆和敞口浅腹豆。印纹陶纹饰主要有曲折纹、回字纹和云雷纹，常见曲折纹和回纹的组合纹饰，印纹粗深清晰，原始瓷豆外壁往往饰有弦纹和贴饰二三组小泥饼。年代为西周早期。第四期原始瓷数量继续大量增加，器物组合为小敞口矮颈弧腹坛、敞口矮颈圆肩罐、敞口鼓肩斜腹大平底瓿、敛口深腹豆和敞口深腹豆。印纹陶纹饰多见弦纹叠套复线菱形纹与回纹的组合纹。年代为西周中期。1980 年，在江山发掘了小红岗 10 号墩，墩内随葬器物有印纹硬陶罐、原始瓷豆、盂、碗、碟和陶纺轮。根据器物特征，可推定年代约当西周晚期。

1982 年和 1983 年，在浙江衢州市东西山发现了土墩墓，墓为浅长方形竖穴，长 10.4 米，宽 6.5 米，坑壁高 15 厘米。墓底平铺鹅卵石，鹅卵石层上为 10 厘米左右厚的木炭层，木炭层上用 14 块不规则的青石片铺成长方形棺床。棺床东、北及中部排列着随葬品，尸骨已朽。随葬器物有原始瓷筒形罐、罐、豆、盂、盘、印纹陶罐以及玉玦、骨管饰、漆器、泥珠等，墓葬时代属西周早期。西山土墩墓东的东山土墩墓为平地起封，墓长 7.8 米，墓底为夯土，北边有东西向排列的鹅卵石墓边，墓上残存封土约 70 厘米。墓内出土有原始青瓷尊、罐、簋、盂、豆、壶、碗、碟、器盖和印纹陶罐。墓葬时代也属西周早期或略晚。

1981 年浙江义乌县平畴发现一座土墩墓，墓底为经人工开凿而成的紫红色岩层，比较平整。其上铺一层 1 厘米左右的细砂，细砂层上再铺一层 1 厘米左右的白膏泥。白膏泥层上埋葬死者并放置随葬器物。随葬品绝大多数为原始青瓷豆、盘、碗、盂、盉、器盖等，并有少量陶器，时代为西周晚期。1979 年浙江淳安左口清理 5 座土墩墓，其中 4 座墓底均用鹅卵石铺成长方形石床，四周置较大的石块。随葬品也以原始青瓷器为主，其葬俗及文化面貌与皖南山区屯溪一带的土墩墓基本相同。墓葬时代除 5 号墓为西周晚期外，其余四座属春秋早期。

（四）中小型土坑墓

春秋晚期，吴越地区盛行的土墩墓葬制，由于受到楚文化的强烈影响而急剧衰落，在邻近吴国西境一带，开始出现竖穴土坑墓葬制。进入战国时代，越国的土墩墓葬制逐渐为竖穴墓葬制所取代，但封土成墩仍继续保存下来。在吴越范围内，经考古发掘的土坑墓有安徽青阳龙岗墓[103]、江苏苏州新塘战国墓[104]、浙江海盐黄家山墓[105]、余杭崇贤战国墓[106]、绍兴凤凰山战国墓[107]、江山大夫第战国墓[108]等。

1995 年安徽青阳县龙岗清理 2 座竖穴土坑墓中，除 1 号墓为中小贵族墓外，2 号墓属小型土坑墓，墓内随葬越式青铜鼎、印纹硬陶罐、夹砂红陶鼎、泥质红陶罐各 1 件，器物形制特征与江苏六合程桥墓相同，应为春秋晚期吴墓。

1988 年苏州长桥新塘战国墓地共发掘清理 10 座土墩墓。墓葬形制分为长方形墓和"T"字形墓两类。长方形墓中分有头箱和无头箱两种，头箱底部高于棺室底部，内置随葬器物；无头箱墓内随葬器物极少。"T"字形墓在棺室北端置横长方形头箱，墓葬平面呈"T"字形，随葬器物较带头箱的长方形墓为多。葬具为独木棺，随葬品除 3 号墓出土青铜剑、镞、削外，其余诸墓仅出土印纹陶瓿、罐，黑衣灰陶罐、盘，原始瓷碗及剑、匕、削等木器。这 10 座墓均为战国早期越墓。

太湖南部杭嘉湖地区战国墓内常见随葬原始瓷礼乐器。1983 年浙江海盐黄家山发现的一座残竖穴土坑墓内，曾出土一组原始瓷盖鼎、甬钟、勾镶、镈于和泥质陶纽钟、磬等仿铜礼乐器，并出有印纹陶坛、罐和原始瓷镇等，时代属战国时期。1984 年浙江余杭崇贤发现 3 座战国墓，其中 1 号、2 号墓已被破坏，3 号墓保存尚好，墓室长 3.5 米、宽 1.9 米，墓底有板灰痕迹。随葬器物多置于死者足部，以仿铜原始瓷礼乐器为主，有兽面鼎、盖鼎、甗形鼎、双螭鼎、竖耳鼎、附耳鼎、镰盉、双耳鉴、匜、甬钟等，并有原始瓷瓿、洗、碗、杯和印纹陶坛、罐、钵等，其中原始瓷甬钟形制与余杭崇贤墓出土的同类器大致相同。

1975 年，浙江绍兴凤凰山发掘两座战国墓，墓葬形制为长方形竖穴土坑木椁墓，木椁四壁用大块枋木叠砌，椁底板由三块木板平铺而成，上铺竹席，东西两边侧板嵌入南北挡板浅槽中。木椁四周填有白膏泥。木椁内紧靠东北面置木棺，用整段原木剖成两半雕凿而成，两侧两端卯槽插入二块圆木板，作为棺的前后壁，盖和棺身相合处有榫。棺外髹黑漆，内髹朱漆，棺内放小木板8块，板面上铺设竹席。棺椁之间东南部放置随葬器物，包括黑陶、印纹陶和漆木器等，其中1号墓还出土有铜戈、剑、镦等兵器和玛瑙杯。时代约当战国早期。这类墓葬与带前后室的绍兴凤凰山3号墓结构基本相同，但墓室规模较小，随葬器物不见原始瓷器，墓葬规格较低，应属中小型墓。

1983年浙江省江山县大夫第村发掘一座战国竖穴土坑墓，形制结构较为特殊，墓底铺一层厚约12厘米左右的鹅卵石，两侧各有一条宽16~25厘米、深14~20厘米的排水沟，沟底亦铺有10~15厘米厚的鹅卵石，作为排水设施。葬具已朽。随葬器物有陶罐、三足盘、支座、璧、原始瓷碗、盂、罐和石瑗等，时代属战国中晚期。

（五）崖墓

春秋战国时期，地处赣东北武夷山地区的古越族的一个支族"干越"族，属越国的地域。这里的土著居民流行着一种特殊的崖洞葬俗，考古上称为"崖墓"。据文献记载和考古调查，江西广丰、上饶、横峰、弋阳、铅山、贵溪、余干、余江、崇仁、南城、黎川、乐安、宁都、南丰、安远等十余个县市都发现有崖墓[109]，尤其是闽赣交界的武夷山地区更为密集。1979年，江西省历史博物馆在江西贵溪县西南角仙岩和水岩群山中，前后两次发掘清理了 18 座崖墓[110]，揭示了当地土著居民的特殊葬俗。

贵溪崖墓一般位于距地面 20～30 米的崖壁中部，崖壁上系天然形成的洞穴，洞口多朝东南向，崖洞大多外张内收，洞内能够遮雨蔽日。洞口顶沿经人工修凿整齐，以便于采用木板封闭墓门。墓门多数采用夹板式墓门，个别大墓用木棒或竹杆横穿脊孔，并联成大门。在一些比较宽大的洞穴内，采用封门板的方法将洞内分隔成若干间椁室，以区分主室和侧室，分别放置棺木及随葬品。在 18 座崖墓中，共存放棺木 39 具，均用整段木料剡制而成，其形制可分为椭圆形、长方形和屋脊形三类。棺盖与棺身采用子母榫合口，多不施棺钉，绝大多数不加髹漆。部分棺盖、棺身口沿和挡板上刻有简体云雷纹边饰和四出窗格纹图案。少数棺内铺设垫尸板或垫尸架，有的垫尸架边缘木板上刻有云雷纹和绳纹带边饰。尸骨以竹席裹卷，半垫半盖，席下交叉排列有三支细竹条。葬俗分单洞单葬、单洞群葬和联洞群葬三种。

随葬器物包括陶器、原始瓷器、竹木器和纺织品及纺织器材等，共 240 余件。陶器以印纹硬陶为主，器形多坛、罐、鼎成组出现，器形多敛口鼓腰，有的罐肩有双贯耳及横 S 形堆纹，与吴越其他地区出土同类器物相似，纹饰以方格纹和米字纹较多，另有鼎、盂、盥盘等仿铜泥质灰黑陶，与绍兴凤凰山 2 号墓出土器物几乎相同，盘口釜形陶鼎形制与湖南衡南出土的青铜鼎式样相同，还有泥质黑皮磨光陶器，以鼎、罐、钵为主，流行乳丁矮三足。原始瓷器以碗、杯、碟为主，罐次之，器表多素面，纹饰有横 S 形堆纹及带状梳齿纹。竹木器数量较多，能辨出竹器的有盘、筒、管、席等，木器有锛、勺、桩锤、弓状器、剑、鞘、削、管、盆、器架及鼓、筝等乐器。墓内还出土有绢、麻布、苎布等纺织品以及刮麻具、刮胶板、夹布棍、打纬刀、梭等一批成套的纺织工具。出土器物与上海金山戚家墩遗址下层文化特点相同，时代约为战国早中期。

（六）石棚墓

瓯江水系位于浙江东南部沿海地区。这里分布着一种用巨石构筑的特殊遗存，习称为"石棚"，又称为"支石墓"。目前发现的石棚墓主要分布在瑞安[111]、东阳[112]、平阳[113]、三门[114]、苍南[115]等地。在这一地区内除了黄岩有一例土墩墓外，其他地方尚未发现有土墩墓，表明石棚墓与土墩墓是商周时期越人分布于不同地域的两种墓葬。

石棚墓分布无统一的规律，依据各地不同的地理环境，有各自的分布特点。瑞安县岱石山 33 座石棚遗存[116]共同分布在海拔高度不足 100 米的整条山脊之分水线上，三门县满山岛石棚也分布在山脊上。瑞安棋盘山和平阳荆山石棚分布于海拔较高的山顶，瑞安杨梅山石棚分布在山坡的半山腰，而苍南桐桥石棚墓群则顺着山涧和山岙的走向，依次分布在三面环山的山岙平地上。

浙南石棚有两种不同的形制：一种在地面四角各立一块不规则的石条作为支石，支石前石比后石略高，其上覆架一整块巨大的盖石，在左、右、后三面支石与支石之间，都用块石拌泥土填塞，成为墓室三面的墓壁，有的还在墓壁外面立大石相围。另一种在地面上用多块长石垒成墙体三壁，其上覆架一整块巨大盖石，形成一座突出于地面的长方形棚状建筑。两种形制均未见墓门封墙。石棚底部一般都用土铺垫,有的再在其上铺设一层小鹅卵石,个别大型石棚底部选用板状片石铺垫,显得十分平整讲究。

石棚内出土器物以原始瓷器和印纹硬陶器为主,并有素面硬陶、泥质陶、夹砂陶、青铜器、石器等,包括罐、瓿、豆、碗、盂、碟等生活器皿,并有青铜凿、锸、镬、矛、剑、镞和陶纺轮、石棒等。瑞安岱石山石棚中出土一组通高仅4厘米的9件青铜小编钟,当属明器。石棚内的遗物,个别出现层位叠压的现象,表明它们并非是一次性形成的器物,石棚遗存存在再次使用的现象。根据石棚出土的器物,可确定浙江石棚的年代为西周早期至春秋晚期。其出现年代要晚于土墩墓和早于石室土墩墓。

在石棚墓分布区内,还有一类近似石棚的大石盖墓。这类墓没有石棚墓用立石在地面上构筑的石壁,形成地面墓室,而是由地面向下挖一长方形浅土坑,坑口上覆盖一块巨石。有的在加盖石以前,在坑口上铺垫一层小石块,再覆盖巨石。这类大石盖墓数量较少,但与石棚墓错杂共处于同一山脊分水线两侧,这一现象与宁绍平原土墩墓与石室土墩墓错杂分布于同一山上的现象相同。瑞安岱石山发掘的三座大石盖墓虽然没有出土遗物,但从所采集的扰乱后的遗物观察,墓葬年代要晚于石棚墓,约当西周晚期至春秋早期。苍南桐桥石棚墓中的Ⅱ类石棚的盖石仅以少量块石支垫,基本上无地面空间或空间甚小,与瑞安岱石山大石盖墓基本相同,当可归入大石盖墓。

根据文献记载,浙江东南部瓯江水系地区为商周时期越族的一支瓯越人的活动区域,这里存在着一支不同于浙江其他地区于越人的古文化。石棚墓和大石盖墓应是瓯越人独立发展起来的土著墓葬。

注　释

[1] 王志敏、韩益之《介绍江苏仪征过去发现的几件西周青铜器》,《文物参考资料》1956 年第 12 期。

[2] 陆九皋、肖梦龙等《镇江商周台形遗址与土墩墓分布规律遥感研究》,《东南文化》1993 年第 1 期。

[3] 谈三平、刘树人《太湖地区石室土墩分布规律遥感初步研究》,《东南文化》1990 年第 5 期。

[4] 安徽省文物考古研究所《安徽考古的世纪回顾与思索》,《考古》2002 年第 2 期。

[5] 吴兵《太湖地区的"石室土墩"——和长城同样古老的我国古代军事建筑物》,《百科知识》1984 年第 9 期。

[6] 张英霖《试释江南一带的所谓"烽燧墩"——关于穴、窟、覆的实物例证》,《苏州大学学报（哲学社会科学版）》1986 年第 4 期。

[7] 钱正《祭天遗址——江南石室土墩的再探讨》,《吴文化研究论文集》,中山大学出版社 1988 年版。

[8] 刘建国《论太湖越族石室墓》,《百越民族史论丛》,广西人民出版社 1985 年版；林华东《为江浙石室墓正名》,《浙江学刊》1986 年第 5 期；冯普仁《试论吴国石室墓》,《吴文化研究论文集》,中山大学出版社 1988 年版。

[9] 钱公麟《江南地区石构建筑性质的多元说》,《吴文化研究论文集》,中山大学出版社 1988 年版。

[10] 浙江省文物考古研究所、绍兴县文物保护管理所《浙江绍兴印山大墓发掘简报》,《文物》1999 年第 11 期；《印山越王陵》,文物出版社 2002 年版。

[11] 田正标、黎毓馨、彭云、陈元甫《浙江绍兴印山大墓墓主考证》,《东南文化》2000 年第 3 期。

[12] 陈元甫《绍兴印山越国王陵葬制初探》,《东方博物》第 5 辑。

[13] 江苏省文物管理委员会《江苏丹徒烟墩山出土的古代青铜器》,《文物参考资料》1955 年第 5 期；《江苏丹徒烟墩山西周墓及附葬坑出土的小器物补充材料》,《文物参考资料》1956 年第 1 期。

[14] 镇江博物馆《江苏丹徒大港母子墩西周铜器墓的发掘》,《文物》1984 年第

5 期。

[15] 刘建国《江苏丹徒粮山春秋石穴墓——兼谈吴国的葬制及人殉》，《考古与文物》1987 年第 4 期。

[16] 江苏省丹徒考古队《江苏丹徒北山顶春秋墓发掘报告》，《东南文化》1988 年第 3、4 期合刊。

[17] 镇江博物馆《江苏镇江谏壁王家山东周墓》，《文物》1987 年第 12 期。

[18] 丹徒考古队《丹徒青龙山春秋大墓及附葬墓发掘报告》，《东方文明之韵——吴文化国际学术讨论会论文集》，岭南美术出版社 2000 年版。

[19] 镇江市博物馆《江苏丹徒出土东周铜器》，《考古》1981 年第 5 期。

[20] 肖梦龙《吴国王陵区初探》，《东南文化》1990 年第 5 期。

[21] 吕春华《宁镇地区大型土墩墓的等级问题》，《东南文化》2000 年第 3 期。

[22] 冯普仁《吴国青铜兵器及其相关问题》，《吴文化资源研究与开发》，陕西旅游出版社 1999 年版。

[23] 江苏省文物管理委员会、南京博物院《江苏六合程桥东周墓》，《考古》1965 年第 3 期。

[24] 南京博物院《江苏六合程桥二号东周墓》，《考古》1974 年第 2 期。

[25] 南京市博物馆、六合县文教局《江苏六合程桥三号墓》，《东南文化》1991 年第 1 期。

[26] 江苏省地方志编纂委员会《江苏省志·文物志》，江苏古籍出版社 1998 年版。

[27] 苏州博物馆《江苏苏州浒墅关真山大墓的发掘》，《文物》1996 年第 2 期。

[28] 苏州博物馆《真山东周墓地——吴楚贵族墓地的发掘与研究》，文物出版社 1999 年版。

[29] 固始侯古堆一号墓发掘组《河南固始侯古堆一号墓发掘简报》，《文物》1981 年第 1 期；赵青云《固始侯古堆发掘一座大型陪葬坑》，《河南文博通讯》1978 年第 3 期。

[30] 王恩田《河南固始"勾吴夫人墓"——兼谈番国地理位置及吴伐楚路线》，《中原文物》1985 年第 2 期。

[31] 欧潭生《固始侯古堆吴太子夫差夫人墓的吴文化因素》，《中原文物》1991 年第 4 期。

[32] 安徽省文化局文物工作队《安徽屯溪西周墓葬发掘报告》，《考古学报》1959 年第 4 期。

[33] 殷涤非《安徽屯溪周墓第二次发掘》，《考古》1990 年第 3 期。

[34] 张长寿《论屯溪出土的青铜器》,《吴越地区青铜器研究论文集》,两木出版社 1998 年版。

[35] 周亚《吴越地区土墩墓青铜器研究中的几个问题——从安徽屯溪土墩墓部分青铜器谈起》,《吴越地区青铜器研究论文集》,两木出版社 1998 年版。

[36] 镇江博物馆《江苏溧水乌山西周二号墓的清理》,《文物资料丛刊》第 6 辑。

[37] 刘建国、吴大林《江苏溧水宽广墩出土器物》,《文物》1985 年第 12 期。

[38] 南京博物院、镇江博物馆、丹徒县文教局《江苏丹徒横山、华山土墩墓发掘报告》,《文物》2000 年第 9 期。

[39] 南京博物院、丹徒县文管会《江苏丹徒磨盘墩周墓发掘简报》,《考古》1985 年第 11 期。

[40] 大夫墩考古队《丹阳市河阳大夫墩发掘报告》,《通古达今之路——宁沪高速公路(江苏段)考古发掘报告文集》,《东南文化》1993 年增刊。

[41] 安徽省文物工作队《安徽繁昌出土一批青铜器》,《文物》1982 年第 12 期。

[42] 青阳县文物管理所《安徽青阳县龙岗春秋墓的发掘》,《考古》1998 年第 2 期。

[43] 浙江省文物管理委员会、浙江省文物考古所等《绍兴 306 号战国墓发掘简报》,《文物》1984 年第 1 期。

[44] 牟永杭《绍兴 306 号越墓刍议》,《文物》1984 年第 1 期。

[45] 林华东《绍兴 306 号"越墓"辨》,《考古与文物》1985 年第 4 期。

[46] 刘彬徽《吴越地区东周铜器与徐楚铜器比较研究》,《吴越地区青铜器研究论文集》,两木出版社 1997 年版。

[47] 绍兴县文物保护管理所《浙江绍兴凤凰山战国木椁墓》,《文物》2002 年第 2 期。

[48] 镇江博物馆、溧水县文化馆《江苏溧水发现西周墓》,《考古》1976 年第 4 期。

[49] 镇江博物馆《丹徒镇四脚墩西周土墩墓发掘报告》,《东南文化》1989 年第 4、5 期。

[50] 南京博物院《江苏丹徒南岗山土墩墓》,《考古学报》1993 年第 2 期。

[51] 镇江博物馆《江苏丹徒县石家墩西周墓》,《考古》1984 年第 8 期。

[52] 镇江市博物馆《江苏溧水、丹阳西周墓发掘简报》,《考古》1985 年第 8 期。

[53] 南京博物馆《江苏句容浮山果园西周墓》,《考古》1977 年第 5 期;镇江市博物馆浮山果园古墓发掘组《江苏句容浮山果园土墩墓》,《考古》1979 年

第 2 期；南京博物馆《江苏句容浮山果园土墩墓第二次发掘报告》，《文物资料丛刊》第 6 辑。

[54] 刘兴、吴大林《江苏溧水县柘塘、乌山土墩墓清理简报》，《文物资料丛刊》第 6 辑。

[55] 同〔52〕。

[56] 刘兴、刘建国《溧水凤凰井春秋土墩墓》，《东南文化》1989 年第 4、5 期合刊。

[57] 王志高《溧水县和凤乡土墩墓》，《中国考古学年鉴（1992）》，文物出版社 1994 年版。

[58] 南京博物院《江苏高淳县顾陇、永宁土墩墓发掘简报》，《文物资料丛刊》第 6 辑。

[59] 镇江市博物馆、金坛县文化馆《江苏金坛鳖墩西周墓》，《考古》1978 年第 3 期。

[60] 南京博物院、常州市博物馆、金坛县文物管理委员会《江苏金坛连山土墩墓发掘报告》，《考古学集刊》第 10 辑，地质出版社 1996 年版。

[61] 安徽省文物考古研究所《安徽南陵千峰山土墩墓》，《考古》1989 年第 3 期。

[62] 南京博物院《江苏吴县草鞋山遗址》，《文物资料丛刊》第 3 辑，1980 年。

[63] 南波《吴县唯亭公社夷陵山出土印纹陶、釉陶器物》，《文物》1972 年第 7 期。

[64] 南京博物院《江苏越城遗址的发掘》，《考古》1982 年第 5 期。

[65] 苏州博物馆、昆山市文化局、千灯镇人民政府《江苏昆山市少卿山遗址的发掘》，《考古》2000 年第 4 期。

[66] 江苏省赵陵山考古队《江苏昆山赵陵山遗址第一、二次发掘简报》，《东方文明之光——良渚文化发现 60 周年纪念文集》，国际新闻出版中心 1996 年版。

[67] 上海市文物保管委员会《上海市金山县戚家墩遗址发掘简报》，《考古》1973 年第 1 期。

[68] 魏百龄、谢春祝《无锡市华利湾古墓清理简报》，《文物参考资料》1956 年第 12 期。

[69] 朱江《吴县五峰山烽燧墩清理简报》，《考古通讯》1955 年第 4 期。

[70] 邹厚本《吴县五峰山石室土墩遗址》，《中国考古学年鉴（1984）》，文物出版社 1984 年版。

［71］苏州博物馆考古部《江苏苏州上方山 6 号墩的发掘》,《考古》1987 年第 6 期。

［72］苏州博物馆、常熟博物馆《江苏常熟市虞山西岭石室土墩的发掘》,《考古》2001 年第 9 期。

［73］陈晶、陈丽华《江苏省江阴县大松墩土墩墓》,《文物》1983 年第 11 期。

［74］朱江《江苏南部"硬陶与釉陶"遗存清理》,《考古通讯》1957 年第 3 期。

［75］无锡市博物馆《无锡璨山土墩墓》,《考古》1981 年第 2 期。

［76］无锡市博物馆《无锡庙山石室土墩墓》,《考古与文物》1984 年第 3 期。

［77］镇江博物馆《江苏宜兴石室墓试掘简报》,《考古与文物》1983 年第 4 期。

［78］刘建国《江苏武进、宜兴石室墓》,《文物》1983 年第 11 期。

［79］同［78］。

［80］同［78］。

［81］黄建秋《江苏武进县潘家乡腰沿山土墩石室墓》,《东南文化》1989 年第 4、5 期合刊。

［82］浙江省文物考古研究所《浙江长兴县便山土墩墓发掘报告》,《浙江省文物考古研究所学刊》,科学出版社 1993 年版。

［83］浙江省文物考古研究所《浙江长兴县石狮土墩墓发掘简报》,《浙江省文物考古研究所学刊》,科学出版社 1993 年版。

［84］吴兴县文物管理委员会《浙江吴兴苍山古战堡试掘》,《考古》1966 年第 5 期。

［85］湖州市文物保护管理所《浙江湖州堂子山土墩墓发掘报告》,《东方博物》第 11 辑。

［86］安吉县文化馆《浙江安吉发掘一座石构建筑》,《考古》1979 年第 2 期。

［87］姚仲源《浙江德清出土的原始青瓷器——兼谈原始青瓷生产和使用中的若干问题》,《文物》1982 年第 4 期。

［88］浙江省文物考古研究所、德清县博物馆《浙江德清县独仓山及南王山土墩墓发掘简报》,《考古》2001 年第 10 期。

［89］浙江省文物考古研究所《海宁市夹山商周土墩石室结构遗存》,《中国考古学年鉴（1985）》,文物出版社 1985 年版。

［90］叶文宪《吴人土墩墓与越人石室土墩墓》,《东方文明之韵——吴文化国际学术研讨会论文集》,岭南美术出版社 2000 年版。

［91］浙江省文物考古研究所《慈溪市彭东、东安的土墩墓与土墩石室墓》,《浙江省文物考古研究所学刊》,科学出版社 1993 年版。

[92] 浙江省文物考古研究所、上虞县文管所《浙江上虞凤凰山古墓葬发掘报告》，《浙江省文物考古研究所学刊》，科学出版社1993年版。

[93] 牟永杭、毛兆廷《江山县南区古遗址、墓葬调查试掘》，《浙江省文物考古所学刊》，文物出版社1981年版。

[94] 柴福有《浙江江山小红岗土墩遗存试掘简报》，《南方文物》1993年第4期。

[95] 金华地区文管会《浙江衢州西山西周土墩墓》，《考古》1984年第7期。

[96] 衢州市文管会《浙江衢州市发现原始青瓷器》，《考古》1984年第2期。

[97] 浙江省文物考古所《浙江淳安左口土墩墓》，《文物》1987年第5期。

[98] 金华地区文管会《浙江义乌平畴西周墓》，《考古》1985年第7期。

[99] 浙江省磐安县文管会《浙江东阳六石西周土墩墓》，《考古》1986年第9期。

[100] 江西省上饶县博物馆《上饶县马鞍山西周墓》，《东南文化》1989年第4、5期合刊。

[101] 江西省文物考古研究所、玉山县博物馆《玉山双明地区考古调查与试掘》，《南方文物》1994年第3期。

[102] 福建省博物馆、光泽县文化局、文化馆《福建省光泽县古遗址古墓葬的调查和清理》，《考古》1985年第12期。

[103] 同[42]。

[104] 苏州博物馆《苏州市长桥新塘战国墓地的发掘》，《考古》1994年第6期。

[105] 浙江省文物考古研究所、海盐县博物馆《浙江海盐出土原始瓷乐器》，《文物》1985年第8期。

[106] 余杭县文物管理委员会《浙江省余杭崇贤战国墓》，《东南文化》1989年第6期。

[107] 绍兴县文物管理委员会《绍兴凤凰山木椁墓》，《考古》1976年第6期。

[108] 毛兆廷《浙江省江山县发现战国墓》，《文物》1985年第6期。

[109] 江西省博物馆、江西省文物考古研究所《十年来江西的文物考古发现与研究》，《文物考古工作十年（1979~1989）》，文物出版社1991年版。

[110] 江西省历史博物馆、贵溪县文化馆《江西贵溪崖墓发掘简报》，《文物》1980年第11期；刘诗中、许智范、程应林《贵溪崖墓所反映的武夷山地区古越族的族俗及文化特征》，《文物》1980年第11期。

[111] 俞天舒《瑞安石棚墓初探》，《东南文化》1994年第5期；安志敏《浙江瑞安、东阳支石墓的调查》，《考古》1995年第7期。

[112] 安志敏《浙江瑞安、东阳支石墓的调查》,《考古》1995 年第 7 期。

[113] 陈元甫《浙江"石棚"遗存的初步研究》,《浙江省文物考古研究所学刊》,长征出版社 1997 年版。

[114] 同 [113]。

[115] 浙江省文物考古研究所、温州市文物处、苍南县文物馆《浙江苍南县桐桥石棚调查简报》,《东方文明之韵——吴文化国际学术研讨会论文集》,岭南美术出版社 2000 年版。

[116] 浙江省文物考古研究所《瑞安岱石山"石棚"和大石盖墓发掘报告》,《浙江省文物考古研究所学刊》,长征出版社 1997 年版。

四

吴越文化遗物

吴越文化遗物种类较多，丰富多彩。20 世纪以来，在吴越两国范围内和其他地区的墓葬和窖藏等遗址中，陆续出土了大量的遗物，包括青铜器、铁器、陶器、原始瓷器、玉器、漆木器等遗物，其用途涉及吴、越两国社会生活的各个领域，反映了吴越两国的政治、经济、文化艺术等各方面的状况和工艺发展水平，以及与周围列国之间的相互关系，为吴、越两国历史与文化的研究提供了珍贵的实物资料。

（一）青铜器

吴越青铜器的著录，最早见于宋代。北宋《宣和博古图录》著录有越王者旨於赐钟，南宋薛尚功《历代钟鼎彝器款识法帖》著录有越器之（子）利钟。清代乾隆年间，先后在江西清江出土吴器者减钟，在江苏常熟出土越器姑冯句𨨞，被分别著录于《西清续鉴》甲编和《捃古录金文》。成书于嘉庆初年的《积古斋钟鼎彝器款识》著录有吴季子之子逞剑。清代后期，又陆续发现吴越两国青铜器和兵器。20 世纪 20 年代以来，河南辉县、安徽寿县、湖南长沙等地出现吴越有铭铜器。新中国成立后，随着各地考古工作的开展，在吴越两国范围内发掘了不少大型贵族墓葬，出土了大量的吴越青铜器，包括礼、乐器、兵器、工具和车马器等，在吴越两国城址以及一些遗址的窖藏中，也发现有青铜礼乐器或兵器、农具、工具等遗物，在吴越两国以外的晋、魏、鲁、楚、蔡诸国境内，也出土有吴国的有铭青铜器，特别是吴越王器数倍于旧，填补了吴越青铜器发展序列上的诸多缺环，为吴越文化青铜器的研究积累了丰富的资料。

吴越青铜器的研究开始于 20 世纪 50 年代。1954 年丹徒大港烟墩山宜侯矢簋和 1955 年安徽寿县蔡侯墓吴王光鉴相继出土，不少学者在对铜器铭文考证的同时，也涉及铜器的形制和纹饰。60 年代初，曾昭燏、尹焕章的《古代江苏历史上的两个问题》一文[1]，对吴地出土铜器存在着中原和本地两种不同风格和铜器的器主以及金属冶铸等问题进行了分析研究。70 年代以后，随着吴越地区青铜器的不断发现，吴越青铜器的研究作为吴越文化研究的一个重要课题，逐渐形成热潮，对吴越地区出土青铜器的时代、特点、分期、铭文考证、吴越铜器与周围国家铜器的比较以及青铜合金成分和冶铸技术等，进行了多方面多角度的研究。关于吴越青铜器的断代，有的学者根据文献记载提出，吴越两国追慕周人的礼器和兵器，青铜器铸造有慕古复古的风尚，认为原定西周时期土墩墓内出土的部分青铜器，应为东周时期仿铸中原西周风格的铸器[2]。这一论点引起学术界的广泛关注和讨论。考古学和现代科技手段相结合，也取得了重要的成果，其中镇江博物馆和中国科学院自然科学史研究所合作，由国家文物局立项的研究课题"吴国青铜器综合研究"，以多学科协作方式，将人文科学和自然科学的研究有机地结合起来，全面、系统地考察苏、浙、皖出土的近两千件吴国青铜器，通过多种科学手段分析测试，揭示了吴国青铜器合金成分、工艺制作和金属组织的特征。特别是采取综合性研究的方法，对吴越青铜剑多方面的深入剖析，对东周时期所达到的科学技术水平做出了有说服力的论证，对青铜器件中纯铜晶粒的赋存形态和形成机理也做了详细和有深度的探讨，具有较高的学术价值。1998 年，"吴国青铜器综合研究"项目获国家文物局文物科技进步二等奖、江苏省文化厅科学技术进步一等奖。

根据现有的考古资料，吴越青铜文化大约可以追溯至相当于中原的夏商之际。在宁镇地区相当于中原夏代的点将台文化遗址中，曾经发现过青铜炼渣，但尚未发现青铜器。而相当于中原商代的宁镇地区湖熟文化和太湖地区的马桥文化遗址中，都发现有小件的青铜工具和兵器。50 年代末以来，浙江长兴[3]、安吉[4]和余杭[5]等地先后发现商代青铜器，长兴出土铜簋和铜铙，安吉出土鬲、爵、瓿等铜器，余杭石濑出土铜铙，年代都相当于商代后期。在这些青铜器出土地附近，均有印纹陶分布，纹饰有许多相似之处，因此这些青铜器应是吴越地区本地铸造，可见吴越地区受到中原商代青铜文化的影响。当时吴越两国的青铜铸造技术还较为粗糙，无法与中原商代青铜铸造技术相匹敌。从西周时期开始，吴越两国的青铜冶铸业得到了较快的发展。特别是春秋晚期，吴越两国青铜冶铸业迅速发展，青铜器的造型、装饰艺术和铸造技术，可同中原地区相媲美，尤其是精湛锋利的青铜兵器铸造远远超过中原诸国，进入了吴越青铜文化最辉煌的时期。

在吴越青铜器中，发现大量的有铭铜器，包括礼器、乐器和兵器，除极少数属其他国家铸器外，大多为吴越王器或王室贵族用器，其中尤以青铜兵器数量最多，年代最早的为春秋中期，年代最晚的属战国中期（表一）。

表一　　　　　　出土的吴越铭文铜器一览表

器　名	时代器主	出土时间地点	铭　文	资料出处（见注释）
者减钟	春秋中期句卑	清乾隆二十六年（公元 1761 年）江西临江（今清江）	大者铭文：隹正月初吉丁亥，工獻王皮難之子者减择其吉金，自乍鵗（瑶）钟。不帛（白）不羊（骍），不铄不彫，协于我需龠，卑（俾）歔卑（俾）乎。用祈眉寿鯀虇，于其皇且（祖）皇考，若曇公寿参寿。卑（俾）女（汝）魕魕歔歔畣畣，其登于上下□□，闻于四旁。子子孙孙永保是尚。小者铭文：隹正月初吉丁亥，工獻王皮難之子者减，自作鵗（瑶）钟，子子孙孙永保用之。	[6]
叡䣄邵剑	前 585～前 561 年寿梦之子	1997 年浙江绍兴	攻敔（敌）王姑发难寿梦之子叡䣄邵之义□，初命伐□，有隻（获）。型（荆）伐郐（徐），余薪（亲）逆，攻之。败三军，隻（获）车马，攴七邦君。	[7]
攻獻太子姑发剑	公元前 560 年以前诸樊	1959 年安徽淮南市蔡家岗	工虞王大子姑发昬反自乍（作）元用，才（在）行之先，以用以萝（获），莫敢卸（御）余，余处江之阳，至于南行西行。	[8]
工虞王剑	公元前 560～前 548 年诸樊	1983 年山东沂水	工虞王乍（作）元巳（祀）用□□治也江之台（洴）北南西行	[9]

续表一

器　名	时代器主	出土时间地点	铭　文	资料出处（见注释）
攻敔工叙戟	公元前 548 年以前余祭	1980 年安徽霍山	攻敔工余自乍（作）用戟	[10]
攻敔王戠虘此鄱剑	公元前 530～527 年余眜	1988 年湖北谷城	攻敔王戠虘此鄱（邻）自乍（作）元用鐱（剑）	[11]
工虘大叔盘	约公元前 6 世纪	1988 年江苏六合程桥 3 号墓	工虘大叔磇□自乍（作）行盘	[12]
曹𫚉剑	公元前 6 世纪诸樊子终纍	1982 年湖北襄樊	攻虘王姑发邸之子曹𫚉众飞员自乍（作）元用	[13]
工虘季生匜	约公元前 6 世纪季札	1988 年江苏盱眙	工虘季生乍（作）其盥会盥	[14]
工虘季子剑	同上	1985 年山西榆社	工虘王姑发誾反之弟季子肵尚后子，厥可金而作其元用剑	[15]
王子狄用戈	公元前 526 年以前僚	1961 年山西万荣	王子狄用戈　扬	[16]
伯剌戈	同上	1960 年江苏江宁	毕野王之孙，器中（仲）之子，白（伯）剌用其良金，自乍（作）其元戈	[17]
玄翏之用戈	春秋晚期玄翏	1980 年河南新郑	玄翏之用	[18]
吴王光鉴	公元前 514～前 496 年阖闾	1955 年安徽寿县蔡侯墓	佳王五月，既字白期，吉日初庚，吴王光䁬（择）其吉金，玄铱白铱，台（以）乍（作）叔姬寺吁宗彝荐鉴，用亯（享）用孝，眉寿无疆，往巳（矣），叔姬虔诚，乃后孙勿忘。	[19]

器　名	时代器主	出土时间地点	铭　文	资料出处 （见注释）
吴王光钟	同上	同上	是严天之命，入城不赓。寺春念岁，吉日初庚，吴王光穆曾（赠）临金，青吕専皇，以作寺旴龢钟。叆（振）鸣膚焚，其宴（音）穆穆，柬（阑）柬和钟，鸣阳（扬）条虞。既扣膚青，叇（艺）孜（兹）膚纫，维缚临春，莘奠（英）右（有）庆。敬叇（夙）而（尔）光，沽沽漾漾。往已叔姬，唐（虔）敬命勿忘。	[20]
吴王光剑	公元前 514～496 年阖闾	1964 年山西原平	攻吾王光自乍（作）用剑	[21]
吴王光剑	同上	1974 年安徽庐江	攻吴王光自乍（作）用剑赿余允至克掃多攻（功）	[22]
吴王光剑	同上	1978 年安徽南陵	攻敔王光自乍（作）用剑以赏勇人	[23]
配儿钩鑃	春秋晚期夫差之兄太子波	1977 年浙江绍兴	□□初吉庚午，吴王□□□冢子配儿曰：余敁（孰）［戟］于戎攻［叡］（且）武。余邲龚［威］㦰（忌），不敢诤舍。择乇（厥）［吉］金，铉鏐鎬铝，自乍（作）钩鑃，台（以）宴宾客，台（以）乐我者（诸）父。子□［用］之，先人［是］诣。	[24]

器　名	时代器主	出土时间地点	铭　文	资料出处（见注释）
吴王夫差鉴	公元前495～前473年夫差	清同治年间山西代州	攻吴王夫差择厥吉金自乍（作）御鉴	[25]
吴王夫差鉴	同上	1940年河南辉县	吴王夫差择厥吉金自乍（作）御鉴	[26]
吴王夫差戈	同上	1959年安徽淮南	攻敔王夫差自乍（作）其用戈	[27]
吴王夫差矛	同上	1983年湖北江陵	吴王夫差自乍（作）用铼	[28]
吴王夫差剑	同上	1976年湖北襄阳	攻敔王夫自乍（作）其元用	[29]
吴王夫差剑	同上	1976年河南辉县	攻敔王夫差自乍（作）其元用	[30]
吴王夫差剑	同上	1991年河南洛阳	□敔王夫差□□其元用	[31]
吴王夫差剑	同上	1991年山东邹县	攻吾王夫差自乍（作）其元用	[32]
吴王夫差剑	同上	1965年山东平度征集	攻敔王夫差自乍（作）其元用	[33]
吴王夫差剑	同上	1935年安徽寿县	攻吴王夫差自乍（作）其元用	[34]
禺邗王壶	春秋晚期	20年代河南辉县	禺（吴）邗王于黄池，为（因）赵孟（鞅简子）介（予）邗王之惕（敭）金，以为（作）祠（祭）器。	[35]

器　名	时代器主	出土时间地点	铭　文	资料出处（见注释）
臧孙编钟	同上	1964 年江苏六合程桥 1 号墓	唯王正月，初吉丁亥，攻敔中（仲）冬（终）肷之外孙，坪之子戕（臧）孙，择乓（厥）吉金，自乍（作）龢钟，子子孙孙，永保是从。	[36]
吴王御士簠	同上	1964 年北京海淀	吴王御士尹氏叔繁乍（作）旅簠	[37]
无壬胝鼎	同上	1977 年陕西凤翔	吴王孙无壬之胝鼎	[38]
句敔夫人季子簠	同上	1979 年河南固始侯古堆 1 号墓	有殷天乙唐（汤）孙宋公缗乍（作）其妹勾敔夫人季子媵臣（簠）	[39]
越王剑	春秋晚期	1972 年浙江杭州征集	戉（越）王	[40]
越王矛	同上	湖南长沙	戉（越）王	[41]
越王勾践剑	公元前 496～前 465 年勾践	1965 年湖北江陵望山 MI	越王鸠浅自作用鐱（剑）	[42]
姑冯句鑃	战国早期冯同	清乾隆五十三年（1788）江苏常熟	隹王正月初吉丁亥，姑冯昏同之子择其吉金，自作商句鑃，以乐宾客及我父兄，子子孙孙永保用之。	[43]
其次句鑃	战国早期	清道光初年浙江武康（今德清）	隹正吉丁亥，其厷（次）择其吉金，铸句鑃，台（以）享台考，用祈万寿。子子孙孙，永保用之。	[44]

续表一

器　名	时代器主	出土时间地点	铭　文	资料出处（见注释）
能原镈	战国早期	清光绪十六年（1890）江西瑞州	存48字	［45］
能原镈	同上	清光绪十六年（1890）江西临江	存60字	［46］
越王者旨於睗剑	公元前464～前459年鹿郢	安徽寿县	戉（越）王戉（越）王者旨於睗	［47］
越王者旨於睗剑	同上	1986年湖北江陵	戉（越）王戉（越）王者旨於睗	［48］
越王者旨於睗剑	同上	1988年河南洛阳	越王者旨於睗	［49］
越王者旨於睗戈	同上	1959年安徽淮南	戟（癸）亥郘（徐）侯之皇　戉（越）王者旨於睗	［50］
越王剑	同上	陕西	戉（越）王戉（越）王戉（越）王戉（越）王	［51］
越王钟	同上	1960年江苏吴江	钟残，仅存一"於"字	［52］
越王丌北古剑	公元前458～前449年不寿	安徽安庆王家山	剑格正面铭：戉（越）王丌北古戉（越）王丌北古，背面铭：自乍（作）用金（剑）自乍（作）用金（剑），剑首铭：隹（唯）戉（越）王丌北自乍（作）之用之金（剑）	［53］

器　名	时代器主	出土时间地点	铭　文	资料出处（见注释）
越王州句剑	公元前 448 ～前 412 年朱句	1973 年湖江陵藤店 MI	戉（越）王州（朱）句自乍（作）用僉（剑）	[54]
越王州句剑	同上	1977 年湖南益阳	戉（越）王州（朱）句自乍（作）用剑	[55]
越王州句剑	同上	1980 年湖北秭归	越王州（朱）句自作用剑	[56]
越王州句剑	同上	1987 年湖北荆门	戉（越）王州（朱）句自作用剑	[57]
越王州句剑	同上	1936 年湖南长沙	戉（越）王州（朱）句州（朱）句自作用剑自作用剑	[58]
越王嗣旨不光剑	前 411 年以前	1974 年湖北江陵张家山	戉（越）王戉（越）王旨不光自乍（作）用攻（？）剑首环铭：台（嗣）戉（越）不光隹（唯）曰：可，乍（作）於元用僉（剑）	[59]
越王不光剑	公元前 411 ～前 376 年不光	1979 年河南淮阳平粮台	戉（越）王戉（越）王不光不光	[60]

除上述有铭青铜器外，考古出土的吴越青铜器，包括容器、乐器、兵器、工具、车马器、建筑构件和货币等。根据其性质和用途，可分为礼乐器、兵器和生产生活用器三大类。

1. 礼乐器

礼器是青铜器中数量最多的大类，主要用于贵族的朝聘、宴享、祭祀等各种社会活动，也是贵族死后的主要随葬用品。

除了少部分出于窖藏外，绝大部分出自各个等级的贵族墓葬中。考古出土的吴越青铜礼器可分为三个系统。第一类是中原型铜器，如立耳高蹄足鼎、四耳深腹簋等。第二类是仿中原式铜器，形制酷似中原铸器，但部分器形特征或纹饰为吴越地方风格。第三类为吴越土著型铜器，如越式鼎、扁体簋、高筒形三段式尊等。根据墓葬的器物组合，青铜礼器包括食器、酒器和水器三类，食器有鼎、鬲、甗、簋等，酒器有尊、壶、卣、盉等，水器有鉴、盘、匜等。

鼎是最重要的青铜礼器。吴越两国出土的铜鼎大多器壁较薄，制作比较粗糙，器物上往往留有铸造痕迹及烟炱痕迹，为本地铸造的实用器。吴国早期铜鼎流行浅盘立耳圜底三足外撇的"越式鼎"（图一六），并仿造中原形制的圆鼎和方鼎，如丹徒母子墩墓和溧水乌山 1 号墓出土的铜鼎，都仿中原地区西周早期的直耳柱足垂腹形制，但纹饰经过改造为简化变体饕餮纹、鸟纹和云雷纹。溧水乌山 2 号墓出土的方鼎饰两排螺旋形云雷纹，与中原风格迥异。自西周晚期开始，吴国铜鼎流行盆形浅腹三兽蹄高足鼎，口沿上有外撇的立耳。皖南地区出现具有江淮特色的鸟纽盖鼎。安徽郎溪出土一件西周晚期立耳深腹鼎，腹部内壁中部偏下有舌状支钉四个，可以承箅，具有甗的功能[61]。春秋时期已不见立耳深腹鼎和方鼎。春秋晚期流行竖耳深腹三高蹄足外撇的"越式鼎"。并常见一种深腹、附耳圜底、蹄足外撇的带盖鼎，盖上有三个环形纽，腹部饰凸起的绳索纹、变体云纹和变体夔纹带。盖上满饰细密的双线 S 纹，为具有楚文化风格的楚式鼎。吴县何山墓出土的盖上有圆圈形捉手的带盖鼎，则为典型的楚式鼎[62]。浙江绍兴 306 号墓出土的越国铜鼎为圜底附耳带盖鼎，盖缺，附耳饰蟠螭纹和绚纹，腹部饰圆涡纹间蟠螭纹，上下饰绚纹和蟠螭纹。

鬲出土数量较少。早期流行立耳鬲，浙江安吉西苕溪曾出土一件铜鬲[63]，原称鼎，形制为立耳束颈鬲，鬲腹有扉棱，口沿下饰一道云纹，腹饰饕餮纹，并以勾连雷纹作为地纹，与中原风格不同，时代属商代晚期。江苏丹徒烟墩山1号墓和母子墩墓出土的西周铜鬲仍为立耳鬲，器表饰两道弦纹或两道条带状雷纹，仪征破山口墓出土的立耳鬲饰一周冋纹。西周晚期至春秋早期出现附耳鬲和无耳鬲，腹部饰一周重环纹或垂鳞纹。仪征破山口墓出土的一件素面无耳鬲，腹下部有一半环形耳（图一七），这种半环形耳装饰也出现在同期的铜尊上。春秋早期以后铜鬲消失。

甗是一种蒸煮器，由甑和鬲或釜上下两部分组成。吴国铜甗均为联体甗，早期铜甗仿中原形制，如仪征破山口墓出土的甑鬲联体甗。晚期出现甑釜联体甗。丹徒粮山1号墓和六合程桥3号出土的春秋晚期铜甗，是甑和三足釜的合体，内设横

图一六　铜鼎（丹徒烟墩山1号墓出土）

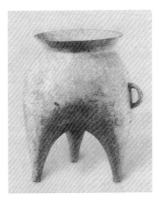

图一七　铜鬲（仪征破山口墓出土）

轴，上扣一吊链，腰部有一朝天的短流，形制独特，为吴国本地制品。两器底部均有一层较厚的烟炱痕迹，为实用器。浙江绍兴306号墓出土的越国铜甗为甑鬲分体套装式，甑为立耳弧腹，底有长方形箅孔，甑内有半圆形铜质活动隔离装置，鬲为短颈鼓腹弧裆外撇三袋足，肩部两侧有方形立耳，器表素面，甑腹饰勾连蟠螭纹和三角形勾连云雷纹，为战国初期越国制品。

　　簋是中原商周文化传统的青铜礼器。吴越地区出土的青铜簋中，烟墩山墓出土的宜侯夨簋和母子墩墓出土的伯簋为中原铸器。宜侯夨簋为四耳圈足簋，腹部饰一周圆涡纹间夔纹，有四个扉棱间隔，器内底有铭文126字，又合文2，为西周康王时器[64]。伯簋为双鸟耳方座簋，口沿下中间附饰浮雕牺首，腹部及方座饰细云纹衬地的凤鸟纹，器内底部有铭文："白（伯）乍（作）宝障彝"，也属西周前期器。除上述中原器外，西周前期流行仿中原形制的直口深腹双耳簋，器腹较深，腹壁较直。纹饰的总体布局结构为模仿，但纹样则经改造，腹部主体纹饰为兽面纹，口沿和圈足饰几何形勾连纹。另有一种侈口深腹附耳簋，方形附耳紧贴器耳并低于口沿，成为纯装饰性的附耳，纹饰为尖叶勾连纹和勾状夔纹。溧水宽广墩墓出土铜簋为索状附耳，腹饰垂鳞纹，与原始青铜器上装饰风格相同。安徽屯溪1号墓出土一件方格乳丁纹簋，器腹两侧双耳的脊背上附加镂空的扉棱装饰（图一八），为皖南地区吴国典型的青铜器。西周晚期至春秋早期，吴国普遍流行扁体簋，腹部两侧有兽形耳或作变体夔龙形耳，器表饰勾连变体夔纹或小方格中有平行的勾曲线条组成的几何形纹饰，有的并饰以凸出的四枚乳丁装饰。丹阳司徒出土一件铜簋，腹部饰两道环云纹和两道乳丁纹相间组合纹和圈点纹边饰，圈足底有一半圆形环，似仿中原地区的悬铃方座簋。春秋晚期至战国早期，吴越地区出现一种形制独特的带盖簋。这类上小下大的塔式带盖簋，绍兴306号墓出土一件，缺盖，器身肩部两侧有半环形小纽。河南固始侯古堆1号墓内出土一件带盖簋，盖上有鸟形捉手，应属吴器。

铜簠在吴越地区发现极少，春秋晚期始见。北京海淀出土一件清宫旧藏的吴王御士簠，直口斜腹，有盖，平底，四角附矩形足，盖四边有兽首形边卡，器表满饰蟠螭纹，器底内铭曰："吴王御士尹氏叔繁作旅簠"，可见为吴器，但其形制与楚文化铜簠相同。吴县何山墓出土两件铜簠也与河南淅川下寺楚墓和安徽寿县蔡侯墓所出铜簠形制相同。

吴越青铜器中的酒器以铜尊出土数量最多，最早出现于西周早期，当西周晚期尊在中原地区消失后，吴越地区铜尊仍然广泛流行。根据器物形制，可分为垂腹尊、筒形尊和动物形尊三种类型。垂腹尊形制酷似中原地区所出。丹阳司徒的一件铜尊，腹部模仿中原周式的凤鸟纹，但经过改造，凤鸟作顾首

图一八　铜簋（屯溪1号墓出土）　　图一九　铜尊（绍兴306号墓出土）

式，鸟首转向后方，羽冠向后卷曲，凤尾上卷后再向前，双凤鸟之间夹着一个小蟾蜍纹，纹饰上增加了吴地常见的连续螺旋形地纹和S形纹带，为吴人模仿中原周器成功的一例。筒形尊为喇叭形口，高颈，鼓腹，喇叭形高圈足，整器呈三段式。这类尊出土数量多，形制也模仿中原周式，但腹部扁而外鼓，并饰有宽带状勾连云纹或细密的棘刺纹。高淳顾陇出土一件铜尊，腹部两侧有镂空扉棱。丹徒磨盘墩墓出土铜尊的口沿下有一半环状耳。浙江绍兴306号墓出土一件铜尊，腹部扁圆鼓出，腹部主体纹饰为长方块状中直条和钩形弧线相结合的对称图像，纹饰中间布满细小的针尖状芒刺，颈和圈足与腹部相接处各有一周联珠纹（图一九）。这一类筒形尊中也有少量为折肩尊。皖南地区青阳庙前乡汪村[65]和南陵绿岭乡团结村[66]出土的龙耳尊，呈侈口短颈，折肩鼓腹，高圈足，腹部环饰十一道瓦纹，圈足饰重环纹。腹部饰对称龙耳，龙角竖起，张口凸目，龙身弯曲，满饰环纹，四足收缩，紧贴在尊腹近肩处，造型瑰丽，铸造精美，为春秋早期吴国青铜工艺品。动物形尊数量极少。丹徒母子墩墓出土一件鸳鸯形尊，长颈昂首，束翅展尾，臀部下垂一螺旋形的支柱，与带蹼的双足构成器物三足，器表光素无纹（图二〇）。此器与辽宁喀左县马厂沟出土的西周早期"匽侯"的铜鸭形尊[67]类似，为西周时期吴国青铜艺术佳作。安徽屯溪3号墓出土的牺尊作兽形，兽首上原用绿松石嵌眼、鼻，今已脱落，兽尾上翘作圆筒状，为仿中原地区牺尊而铸造的本地产品。

吴越地区的卣主要有垂腹卣和圆腹卣两类。垂腹卣作椭圆形器口，垂腹，圈足，有扁提梁。其形制为模仿中原器。安徽屯溪3号墓出土一件带铭文的铜卣即为垂腹卣，饰凤鸟纹和夔纹，据造型、纹饰和铭文应为中原铸器。母子墩墓出土一件铜卣，盖纽作立鸟形，提梁两端为牛头形兽首，提梁上有两行圈点纹，盖面及颈部饰圈足纹镶边的平行细绳纹相间圆点纹，圈足饰斜三角云纹。此器为仿中原而加以改造后的吴器。圆腹卣如屯溪1号墓出土的两件铜卣，为圆腹高盖圈足，提梁两端饰兽首。腹饰四组双凤纹，圈足饰目雷纹，盖面及颈部饰夔纹带夹以联珠纹，为西周时期的吴国铸器。此外，丹阳访仙出土的方卣，器身作鼓腹四边形，肩部两侧有穿纽，四面坡式攒尖盖，形制奇特，反映了吴国铜器造型上的鲜明地方性[68]。

酒器中除尊、卣外，吴越地区还出土有极少的觥、壶、瓿、罍、缶、角、铷等酒器。丹徒烟墩山1号墓出土的牺觥，器身呈圆角方形，头部作麒麟角状并列钩状刺，两角间有一疣状物，颈背上有立兽状纽盖，底附四矮足，器身后侧有鋬，饰凤鸟纹，系仿中原同类器铸造的吴器。丹徒母子墩墓出土的飞鸟盖双耳扁壶，作垂腹形，顶部为飞鸟形盖，壶身饰四组由圈点纹镶边的云形勾连纹，并缀以乳丁装饰，为吴国创造的地方型铸品。吴越地区出土铜瓿数量极少，形制仿自本地的几何印纹陶瓿，作敛口扁圆腹矮圈足，肩部两侧有对称环形耳，腹上饰细密的圆点形乳丁，上下饰凸弦纹。吴越地区出土的铜罍均为圆罍，丹徒粮山出土的铜罍为平沿外折，短颈鼓腹，底附三个短蹄足，肩部有一对回首兽形双耳，下套葫芦形环，腹部满饰络绳纹，内填纤细的蟠螭纹，肩部及近底处饰三角纹。绍兴306号墓出土的铜罍，作平沿圆肩筒腹，底附三方形短足，双肩侧附半环状耳，内贯双连提环，腹部饰四道绚纹凸棱，其间饰繁复的蟠螭纹，肩部及近底处饰三角形垂叶纹一周，提环饰卷云纹，为战国早期越器。丹徒北山顶墓和六合程桥1号墓出土的尊缶为圆缶，北山顶一件腰部四个环纽上下各有一道绳索纹，其间又夹饰蟠虺纹和变体云雷纹，程桥墓出土的缶由肩至腹饰有五条羽状带饰。北山顶出土的一件与河南淅川下寺 10 号楚墓所出的基本相同[69]。丹徒烟墩山 1 号墓出土的一件角形器，仿牛角形，有的学者指出，此种角形铜器才是真正的酒器角，名实相合[70]。春秋晚期吴地新出现一种饮酒器铜铷，六合程桥 3 号墓出土铜铷呈弧角长方体，短颈鼓腹平底，两侧有环耳一对，腹饰变体云纹。苏州城东北出土一件铜铷作直口鼓腹平底，腹两侧有对称环形耳，与山东阳信出土的战国初期铜铷相似[71]。

吴越地区出土的水器以铜盘数量最多，根据其形制特征，可分为圈足盘、三足盘和平底盘三种类型。早期流行圈足盘，形制为敞口浅腹圈足，无耳或附双耳，器表素面或饰云形夔纹或羽状变体夔纹及乳丁纹。安徽繁昌汤家山出土一件附耳龙纹盘，口沿饰一周鳞纹，腹饰夔纹一周，腹内壁饰鱼纹及圆圈纹一周，盘心饰浅浮雕蟠龙纹和夔纹，圈足饰斜角云纹，纹饰华丽，为春秋早期吴器。安徽屯溪 3 号墓出土一件镂空蟠龙纹盘，器缘镂空成云纹，盘心饰蟠龙纹，龙首居中，旁有浮雕的鸟纹和变形兽纹。江苏仪征破山口墓出土有龙纹盘和凤纹盘，龙纹盘盘心蟠龙纹的眼和鼻梁隆起，凤纹盘器形特大，口沿上饰有四只伫立的凤鸟。三足盘出现略晚。溧阳许大山界出土的三足盘，形制与附耳圈足盘相同，惟在圈足下附三短足，时代属春秋前期。武进淹城出土的双兽三轮铜盘[72]，形制独特，此器在圈足盘的一侧伸出回首反顾状的双兽头，其间置轴装一轮，与盘下两轮合为三轮，以轮代足，可以自由转动。盘腹饰几何形纹，双兽饰环纹、圈点纹、鳞纹和三角形窃曲纹。整个器形典雅飘逸,是春秋时期的吴国青铜工艺精品。六合程桥3号墓出土的三足盘,底附兽面环形三足,腹部两对器耳中一对为宽扁环耳,另一对为兽面环耳,腹部饰两道宽带状卷云纹,据盘心铭文可知器主为吴国王室贵族,但器形与纹饰则与春秋时期楚国铜盘相似。平底盘流行于春秋晚期至战国时期。丹徒王家山墓出土一件铜盘,腹上侧有双耳,器表素面,器腹内壁刻宴饮、乐舞、射箭等图像,盘心饰蟠蛇纹、蚕纹和波纹圈带。吴县何山墓出土素面平底盘,口沿下盘腹上用圆环铆合四个绳纹圈状耳,时代约属战国早期。

匜和盘共同组成一套沃盥之器。根据考古发现,吴国铜匜出现略晚于铜盘。按其形制可分为三足匜和平底匜两类。江苏江宁陶吴[73]和丹徒磨盘墩墓出土的铜匜均呈瓢形,流呈弧线上仰,与流对应一侧有兽形鋬,底附三蹄足。器表饰云纹和夔龙纹带,兽形鋬上有阴线垂鳞纹。武进淹城出土一件铜匜形制较为特殊,器形宽扁,浅腹,阔流,宽鋬,底附三短蹄足。此类匜的时代为西周末期至春秋时期。平底匜流行于春秋晚期至战国早期。江苏盱眙出土一件铜匜,流作兽首形管状,后部翘起兽形鋬,据铭文记载,此器为吴国季札之器。丹徒王家山出土一铜匜,通体似瓢形,流不封顶,后有环形鋬。器表光素,器内刻有宴饮、弋射等图像。这类平底匜延续至战国时期。

鉴是形体较大的水器,腹部有两耳或四耳。吴国有铭铜鉴中曾出土有吴王光鉴和吴王夫差鉴,口沿两侧有对称的一对兽首衔环耳,兽上面有小兽匍匐,口的另两侧有一对卧虎衔唇,腹部饰羽毛状纹和垂叶纹(图二一),纹饰繁缛,装饰华丽。丹徒王家山墓出土铜鉴,腹上侧铆接两环耳,器表光素,内壁刻有鸟纹带、宴乐、射侯图像,内底刻有蟠蛇纹、蚕纹和波纹

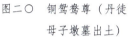

图二〇　铜鸳鸯尊（丹徒 　　　图二一　吴王夫差铜鉴（河南辉县出土）
　　　　　母子墩墓出土）

圈带。

　　吴越青铜器中，还有一种盥盘，器腹较深，与铜鉴形制相似。丹徒北山顶墓出土一件盥盘，口微敛，平折沿，腹微鼓，腹部两侧有凸起的兽首形耳，底附三矮蹄足。器表饰蟠虺纹、绳索纹和三角形垂帘纹。绍兴306号墓出土一盥盘作广口宽平沿，肩稍外斜，折腹弧收平底，器表上部饰一周勾连回纹，颈和腹壁饰三道凸起的绹纹，腹壁上部两道绹纹之间饰细密而简化的蟠螭纹。此器除腹部两侧无扁平兽首状附耳外，与江西靖安出土的自铭为"盥盘"的徐王义楚盥盘[74]形制相同，属战国早期的越器。

　　盉是一种盥洗用具，一般多与盘配套使用，作用相当于晚出的匜。吴越地区的盉，按其形制特征，主要可分为鬲形盉、壶形盉和罐形盉三种形式。鬲形盉如安徽屯溪3号墓出土的铜盉，器身作敞口束颈分裆三款足鬲，盖上饰蟠龙纹，龙首昂起为纽，器身前有管状流，后有兽形鋬，腹部饰夔纹，时代为西周中期。壶形盉如丹徒烟墩山1号墓出土的铜盉，盉体似瓢形

壶，两侧分别有流和兽首鋬，口部有盖，盖顶以昂起的龙首居
中心，龙身随势缘盖盘旋，鋬与盖之间有半环系，以活络链节
套铸。底部有外撇形三足，器表饰凤尾纹。仪征破山口出土一
件凤鸟纹盉，器形作垂腹壶形。自春秋早期开始出现罐形盉。
安徽繁昌汤家山墓出土一件铜盉，器身作扁圆鼓腹圈足罐形，
器盖以昂起的龙首作为盖纽，盖面饰浮雕蟠龙，长流，扁圆形
鋬，鋬上端有铜链与盖相连。腹部上下各饰一周变形窃曲纹，
流饰三角形纹。春秋晚期至战国时期流行提梁盉。上海博物馆
藏吴王夫差盉[75]，器体为小口直沿扁圆腹罐，肩部有弧形提
梁，近流部为龙头，另一端有龙尾翘起，在龙梁的背脊有透雕
复杂的蟠龙作为装饰，近底处置三个兽形足。肩上近口有一周
铭文："敔王夫差吴金铸女子之器吉"，当为吴王夫差的青铜
礼器。河南固始侯古堆1号墓出土一件铜盉与吴王夫差盉形
制、纹饰基本相同（图二二）。绍兴306号墓出土一件铜盉，器
形与吴王夫差盉基本相同，提梁已残缺，盖顶饰圆雕蟠螭虎、
熊、犀、象等兽形，三蹄足上段均饰蟠螭和小虎，装饰比吴器
更为繁缛。

在吴国的青铜器中，还有一种主要用以盛水的铜盂，出土
数量较少。少数为圆形圈足盂。丹徒烟墩山1号墓出土的铜
盂，腹部两侧附长方扁耳，器表饰变体夔纹。溧水宽广墩墓出
土的铜盂，器腹两侧为索状附耳，腹部饰垂鳞纹。安徽屯溪3
号墓出土的方盂，形似方斗而器腹外鼓，下有方形圈足，腹部
饰几何形编织纹或斜方格乳丁纹。这种方盂当属地方铸器。

吴越两国的青铜器，除了上述各种青铜礼器外，还有一种
铜钺。中原商周时期，青铜钺既可作为作战用的武器，也可作
为王室贵族举行重大典礼或出行时的仪仗，成为贵族和军事首

图二二　铜盉（固始侯古堆大墓出土）

领身份的标志，或作为军事统率权的象征。吴越两国出土铜钺极少，可能仿中原商周王朝，是礼器而非实战兵器。江苏仪征破山口墓出土一件吴国铜钺，体较长，圆弧刃，长方銎，銎端饰一周凸棱纹。浙江鄞县石秃山出土一件越国铜钺[76]，略呈刃缘两角外侈的斧形，长方銎。表面饰头戴羽冠的四人划船的花纹，其上有一对卷曲的龙纹（图二三）。这种羽人划船纹为百越地区铜鼓上常见的装饰纹样，为典型的越器。此外，浙江绍兴306号墓中出土了一件伎乐铜屋模型，此器应是越族专门用作祭祀的庙堂建筑的模型[77]，其性质应属于礼器性质。铜

图二三　羽人划船纹铜钺拓本（鄞县石秃山出土）

屋模型通高 17 厘米。房屋平面作长方形，面阔三间，正面无墙和门，立圆形明柱两根，左右两侧为长方格透空落地式立壁，后面仅在中间设一小窗，屋顶为四角攒尖顶，中央立一高耸的八角形图腾柱，柱顶塑一大尾鸠。屋顶、后墙及四阶均饰方形勾连回纹，图腾柱饰勾连云纹。室内有六人分两排踞坐于地，为四男二女，均未着服饰，分别作击鼓、吹笙、抚琴和歌唱状，整个场面似为祭祀礼。

　　吴越青铜乐器种类较多，可分祭祀用乐器和军乐器两类。祭祀宴享用乐器主要有钟、镈和勾镙。钟可分为甬钟和纽钟两类。甬钟钟体上部呈圆筒形，甬下部有突起的带半环形干的旋。其形制与中原甬钟基本相同。吴器中的者减钟与吴王光钟均为甬钟。其中减钟作器者者减诸家说法不一，有柯转、颇高、句卑、去齐、诸樊诸说，马承源先生从钟的形制、纹饰考

证，认为此钟作于春秋中期，再从人名声韵推论，认为作器者
即句卑[78]。江苏高淳县青山茶场出土两件甬钟，形制与中原
地区铜钟大致相同，钟的舞面、篆、钲、鼓等部位以形态不同
的云纹作为主体纹饰，并饰有小尾状歧出与凸出的鸟翅形装
饰，显示出吴文化的艺术风格。纽钟钟体上部为长方形纽，钲
部的枚作低矮的乳突形。六合程桥 1 号墓出土一套 9 件带有
"攻敔"铭文的编钟（图二四）、程桥 2 号墓出土一组 7 件编
钟以及苏州仓街出土的 3 件编钟，均为纽钟，钟体饰蟠螭纹和
相互叠交的羽状螺旋纹，长方形纽饰三角雷纹或变体云雷纹，

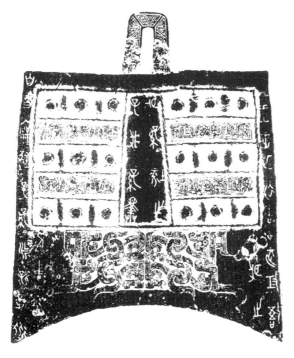

图二四 铜编钟拓本（六合程桥出土）

时代属春秋晚期。镈的形制与钟近似，但器身横截面多呈扁椭圆形，纽背附有蟠曲堆垛的兽形纹饰，镈口作平口。六合程桥2号墓出土编镈一套5件，纽饰夔龙，舞、篆、鼓部饰蟠螭纹。勾镩是吴越两国流行的一种祭祀宴享用的乐器。考古出土的有铭勾镩，吴器有配儿勾镩，器身稍长，腔体下为上粗下细的柄，腔体下端饰雷纹及三角雷纹。作器者配儿是吴王阖闾之太子波，即吴王夫差之兄。越器有姑冯勾镩和其次勾镩，其中姑冯勾镩作器者为越王勾践时的大夫冯同，时代属战国初期。除有铭青铜勾镩外，吴国境内在江苏武进淹城、高淳顾陇松溪[79]、淳溪[80]和安徽广德[81]等地均出土过勾镩，其中广德出土一组9件勾镩中，有3件体腔下部饰雷纹及三角雷纹，与配儿勾镩相同。高淳顾陇出土一组7件，通高91～21.5厘米，全器素面无纹。

青铜军乐器主要有钟、鼓、钲（丁宁）、铙、镎于、铎等。《国语·吴语》云："王乃秉枹，亲就鸣钟、鼓、丁宁、镎于，振铎。"可见钟除了作为祭祀宴飨用乐器外，也是指挥作战的必备军乐器之一。鼓用木质鼓框和皮质鼓面制成，鼓体有铜质悬鼓环。木鼓易朽，迄今考古出土遗物中仅见悬鼓环座。江苏丹徒北山顶墓出土的悬鼓环座由环座和环箍组成，环座四角各有一断发文身的跪坐人物形象，环座四周及椭圆形环箍上均饰云纹（图二五）。与悬鼓座同出的铜鸠柱，以前一般认为是象征权力的"鸠杖"，有的学者根据其出土位置、装饰纹样以及越族铜器鸠柱上悬鼓的图像，认为是作为悬鼓用的鸠柱[82]。这种鸠柱在江苏丹徒青龙山墓、浙江湖州棣溪[83]以及绍兴漓渚[84]也有出土。鸠柱的柱身已朽，仅存柱首和柱镦。北山顶墓出土一件鸠柱，实测全长为229.4厘米，柱首立一鸠

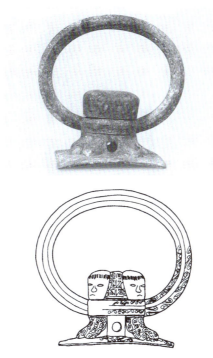

图二五　铜悬鼓环（丹徒北山顶墓出土）

鸟，短喙翘尾，满身饰鳞片状羽毛，鸠鸟下由三角形凸棱和半圆形凸棱分为三部分，其间饰云纹、蟠虺纹和有锯齿纹边饰的细云雷纹。柱镦装饰纹样与柱首相同，方向相反，末端为一断发文身的跪坐人形，头顶柱镦，双手平置膝部，其风格与悬鼓环座的跪坐人形相同。绍兴漓渚出土的越国铜鸠柱与吴器相同，惟装饰纹样略有不同（图二六）。丁宁亦称钲，形制与勾鑃相似。江苏丹徒北山顶墓出土素面铜钲，属春秋晚期。铙与钲形制相似，形体小而短阔，柄短中空，内插木柄以便执持。江苏江宁出土商代铜铙，通体饰目雷纹地，浮

图二六　铜鸠柱（绍兴坝头山出土）

雕双目，构成兽面纹[85]。浙江长兴出土的铜铙[86]，铙体饰
云雷纹，两面各有 18 个枚（图二七）。西周早中期流行乳丁
纹铙。镎于是春秋时期新出现的一种军乐器，吴地出土的镎
于均为春秋晚期器，有浅盘式和无盘式两种：浅盘式如丹徒
北山顶墓出土青铜镎于 3 件，大小相次编成一列，顶部有浅
盘，盘中央有虎纽，虎身饰似叶脉状的曲折纹，盘内饰云雷
纹，盘下为圆鼓肩的筒形，肩上饰一周带有鸟翅状歧出物的
云雷纹，其下饰有小尾的变体云雷纹，隧部有八条曲体小龙组
成的方形装饰。无盘式如丹徒王家山出土的一列 3 件镎于，呈

图二七 铜铙（长兴上黄楼村出土）

凸弧顶，圆鼓肩，体略前倾，顶有虎纽，虎身饰雷纹，肩腹间饰浅浮雕人面纹，顶面和腹身饰云纹，有的带有小尾和凸起的螺旋纹，隧部有鸟纹（图二八）。这两种镈于皆属春秋晚期吴器。镈于除主要作为军乐器外，也可用于祭祀场合。铎形似铃而形体较大，顶有銎可安木柄，使用时以手执柄振动舌撞击腔体而发声。这种乐器发现极少。安徽青阳龙岗春秋晚期墓出土的一件铜铎[87]，呈合瓦形，凹口，方形短銎，饰绹纹和三角雷纹，铎体两面各有一组勾连雷纹，舞部饰三角雷纹，应为吴器。浙江绍兴印山越王陵出土一件铜铎[88]，比吴器略小，顶部及方銎外侧均饰以小圆点为地纹的卷云纹。腔体内有一凹形卡口，卡口两侧有小圆孔插竹销，以承圆柱形木舌。此器当属

图二八　铜錞于（丹徒王家山墓出土）

越器。

2. 兵器和车马器

《左传》云："国之大事，在祀与戎。"可见青铜兵器的铸造与青铜礼乐器占有同样重要的地位。据粗略的统计，吴越青铜器中，兵器约当青铜器总数的三分之一。从现有的考古资料来看，吴越地区早在立国以前就出现了青铜兵器。兵器形制可分两类：一类是模仿中原殷商形制，如江苏句容后白和高淳出土的长援直内戈[89]以及丹徒、句容、高淳等地出土的宽叶长骹矛[90]，均与中原商代同类兵器形制基本相同。另一类为沿袭本地新石器时代以来同类器物形制略加变化改造而成，如句容葛村出土的铜钺[91]和浙江长兴出土的铜钺[92]即仿自本地的石钺，其中长兴出土铜钺饰叶脉纹和菱形纹，与本地的几何印纹陶纹饰相同。吴兴袁家汇出土的铜戈[93]，前刃弧凸，形体介于戈、钺之间，器表饰印纹陶纹饰，都为本地铸品，具有浓厚的吴越文化特色。

　　周代吴越青铜兵器种类日益增多，进攻性兵器主要有戈、矛、戟、剑和矢镞等。

　　戈是勾兵，是商周时期最流行的兵器，用于勾杀与啄杀。早期都为平援戈，锋呈三角形，援内平直。春秋中晚期盛行弧援戈，1961 年山西万荣庙前村出土王子�戈即为弧援戈，正、背两面有错金鸟书铭文。正面铭文为"王子�用戈"（图二九），背面为"扬"字。此戈系吴王僚为王子时之器，铸于公元前 526 年之前[94]。有的学者释"�"是夫差的本名，认为此戈铸于夫差即位以前[95]。春秋晚期流行援穿上方带鼻饰的鼻饰戈，其中带鼻式戈最早出现于春秋晚期吴国，丹徒王家山墓出土的鼻式戈面上还饰有吴国特有的火焰状纹饰，越国铸造鼻式戈时代略晚，到战国早期才开始出现。吴越地区的铜戈，

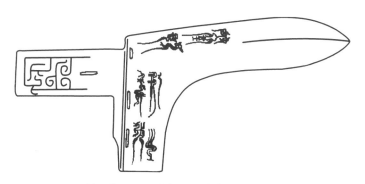

图二九　王子�戈（万荣庙前村出土）

据江苏吴江浪打川圩出土的 8 件春秋早期铜戈[96]，出土时皆有柲，长约 1.20 米。六合程桥 2 号墓出土的春秋晚期铜戈，全长为 1.30 米[97]。这种短柲戈与楚国车战使用的车戈不同，应为徒兵近战使用的徒戈[98]。

矛是刺兵，主要用于刺杀。吴越两国早期使用仿自中原形制的宽叶矛，矛身两叶较宽，外缘呈圆弧形刃，隆脊，直筒状长骹，骹末平齐，有的在矛身与骹相接处或长骹下部一侧附半环形纽。西周中晚期多狭叶矛，形制狭长，短骹，骹末呈燕尾形双尖叉或作凹弧形。曲叶矛最早出现于春秋早期，矛身两叶外缘作弧形内凹或略呈弧曲形。春秋晚期，矛叶弧曲度减小，呈中部稍内收的曲叶，短骹，骹末内凹。湖北江陵马山出土一柄吴王夫差矛，矛身呈微内收的弧线，中间起脊，有血槽，器身满饰菱形纹饰，骹部饰兽首形纽（图三〇）。越国曲叶矛有两种形制，一种在矛身中脊两侧大多铸有鸟翼形纹饰，圆骹上部铸凸线"王"字，其下为长方形附纽，骹末平齐或内凹呈偃月形。其中湖南长沙出土一件带柲"王"字铜矛，其刃的基部两侧各铸一鸟书"戊"字，证明属越国兵器。另一种骹与矛身相接处有一长方形纹饰，其下为长方形附纽，骹末作凹弧形。其形制与绍兴义桥出土的越王石矛[99]极为相似。年代为战国前期或稍晚。

戟为戈、矛合体的兵器，兼具勾杀和刺杀的功能。吴越地区兵器中的戟比中原地区出现得晚，春秋晚期才开始出现。六合程桥 1 号墓出土的铜戟为体（戈）刺（矛）分铸联装而成，全长 2.27 米，比湖北江陵楚墓[100]和随县曾侯乙墓[101]出土的车戟要短 1 米多，应属徒兵用的徒戟。丹徒北山顶墓出土铜戟，戟体长胡末端底部饰卷云纹，内上镂空云雷纹上嵌绿色玉石，戟末铜镦饰锯齿纹、云雷纹和曲折纹。六合程桥 2 号墓和丹徒青龙山墓还出土有内末带弯钩形两侧有刃的带矩戟。这一时期吴越两国还出现在同一件戟上联装三戈的多戈戟，三戈长度自上而下依此递减，上戈有内，第二、三戈均为无内戈。江苏丹徒王家山墓出土有联装三件长胡三穿鼻饰戈的多戈戟。安徽淮南蔡家岗 2 号墓出土一件越王鹿郢的带鼻饰多戈戟，时代属战国早期。

镞是一种远射兵器。有双翼式和三棱式镞，丹徒北山顶墓出土的镞身错金并通体鎏金的圆锥式镞，系吴国贵族习射之矢镞。

吴越两国青铜兵器中以青铜剑最为著名。这种兵器具有两种功能，一是作为吴越两国王室贵族的佩剑，以显示其显赫的地位和身份。《史记·吴太伯世家》记载吴公子季札挂剑的故事，已成为脍炙人口的传说。这种剑在政治上作为身份象征的意义超过军事上实战卫体的功能。从考古出土和传世的吴越王及王室所用名剑来看，吴国有吴王诸樊做太子时所铸的攻敔太子姑发剑、工虘王（诸樊剑）、吴王光（阖闾）剑、吴王夫差剑和季札之子逞剑等；越国有越王勾践剑、越王者旨於赐（鹿郢）剑、越王不寿剑、越王州句（朱句）剑、越王不光（翳）剑等几代越王剑。其中 1965 年湖北江陵望山 1 号楚墓出土一柄越王勾践剑，通长 55.7 厘米。剑身满饰有菱形暗纹，在靠近剑格处刻有鸟篆体错金铭文："越王鸠浅（勾践）自乍（作）用铦（剑）"，剑格正面用蓝色琉璃，背面用绿松石镶嵌出花纹图案。剑茎上缠緱（图三一）。浙江省博物馆藏一件越王剑[102]，形制独特，刃缘铸有六段鸟翼形纹饰，无格，与上述几代越王剑风格迥异，可能为越国后期铸造的越王剑。这些

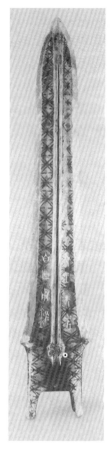 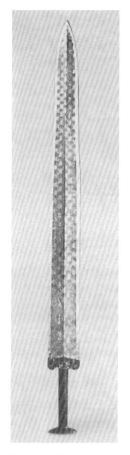

图三〇　吴王夫差　　　　图三一　越王勾践剑
　　矛（江陵马山出土）　　（江陵望山 1 号墓出土）

名剑锋锷犀利，铸造精良，装饰华美，剑身上装饰镶嵌的菱形格暗纹或火焰状纹，剑首饰多围同心圆凸纹，并出现了刚柔相济的双色剑[103]，使吴越名剑冠绝一时，其铸剑技术远远超过中原及周围列国。二是作为实战用的兵器，早期形制为刃缘平直的直刃剑，并出现剑身短小如匕首的青铜短剑[104]。西周中期以后出现弧刃剑，剑身微弧，最宽处靠近剑身中段，然后向前收束聚成弧尖状锋。这类剑有圆茎带箍剑和剑茎近格两侧有一对蘑菇状耳的茎耳剑两种型式。春秋中晚期至战国时期，吴越流行曲刃剑，剑身刃缘作两度弧曲，最宽处在距剑格约三分之二处，然后呈弧线内收，至近锋处外凸后再内收成弧形尖锋，隆脊有棱。这类剑按剑格、剑茎和剑首的不同形制，可分为窄格、圆筒形茎、喇叭形首和宽格、圆柱扁圆柱形茎双凸箍、圆首两种型式。

在吴国青铜兵器中还有一种似剑的铜铍，《史记·吴太伯世家》记载，公子光指使专诸刺王僚时，王僚的亲兵从大门口直到公子光的坐席前都"夹之以铍"，其形制具有一锋两刃。安徽淮南蔡家岗赵家孤堆战国墓曾出土两件扁平长方形兵器，棱脊两边上下各有一阳文"王"字，无格，可能为吴国的铜铍实物。

铜车马器是吴越墓葬中随葬品的基本器类之一。西周早期吴国贵族墓内即随葬有车马器。丹徒大港母子墩墓出土表面饰有螺旋纹、折线纹的车軎、车辖和车舆前挂帷帐用的挂钩，并有衔、镳、铜泡等马具和马饰。烟墩山1号墓出土有马衔、镳、铜泡以及穿缰绳用的节约。丹徒磨盘墩春秋早期墓中出土一组车马器中，有系于马额上的兽面纹马冠及眉上装饰的云纹马钖，还有表面饰夔龙纹和满饰云雷纹、鸟纹的马镳，反映了当时吴国贵族出行的马车装饰更趋华丽。丹徒北山顶墓和王家山墓出土车马器发现有伞形车盖的部件盖斗帽和盖弓帽，车舆上有青铜构件和饰件，车軎和车辖上装饰有兽面纹、几何形纹、绳索纹、云雷纹或蟠螭纹，马具包括两端饰螭首的马衔、云纹小环、节约及辔饰。除了贵族出行的马车外，春秋晚期吴国贵族墓内随葬有战车。江苏六合程桥 1 号墓、2 号墓和安徽霍山墓内均出土有不见盖弓帽的车马器，应属墓主人生前实战时使用的战车。

3. 农具、工具和饰件

吴越地区制造青铜工具历史悠久。早在夏商之际，在太湖地区马桥文化遗址和宁镇地区湖熟文化遗址中已经发现小型青铜工具。西周以后，青铜农具和工具种类逐渐增多。

农具在吴越地区发现较多。《周礼·考工记》郑玄注：“粤（越）地……出金锡，铸冶之业，田器尤多。”考古出土的农具有犁铧、臿、镬、铲、锄、镈、镰、铚等。犁铧呈“V”字形，器身正面铸有斜平行阳线，向外两侧呈锯齿状。此器在浙江绍兴和临海都有发现。有的学者认为不是翻耕土地用的犁铧，而是推割庄稼的器具[105]。吴国铜臿按刃部形制，可分为三角形刃、平刃和半圆形刃三种类型。越国铜臿呈方形凹口形，或圆角方形，还有带舌形銎的弧刃臿。镬形体呈窄长方形或略呈束腰形，刃部微弧。吴国铜镬上部凹口式銎，越国铜镬长方銎口下有三道凸棱或斜方格带纹。铲为扁平长方形的翻土和除草工具。吴国除仿中原地区的长方形圆肩铲外，还流行方肩方刃或弧刃铲和斜肩长方銎铲。越国铜铲大多作斜肩宽刃长方銎铲，銎下近肩处有两道凸横棱。锄是一种松土除草的农具。吴国铜锄近方形，刃部微弧。越国铜锄有略呈梯形和横长方形两种。镈是耕田除草的农具，其形制为方銎双翼篦齿状。这种形制是沿袭古吴越地区新石器时代良渚文化的石耘田器略加改造而成。这种农具主要流行于太湖地区及宁绍平原，略呈三角形。宁绍地区的舟山定

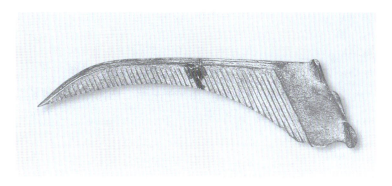

图三二　铜镰（无锡长安出土）

海还出土一种无栏双翼篦齿式镈。吴国西南部的皖南地区出土的镈体稍长，整体呈不规则菱形。镰和铚都是收割用的农具。吴越地区铜镰与本地新石器时代石镰形制基本相同。宁镇地区的仪征破山口墓出土一件春秋前期铜镰，近装柄处有三个圆孔，用以加固柄部。太湖地区和宁绍地区普遍流行齿刃铜镰，正面有较深的纵向平行阳线篦纹，延长至刃部形成小而细密的锯齿（图三二），有的称"锯镰"。有的在器身后部有一小圆孔，用以固柄，有的镰根基部下端有伸出的爪状。这类齿刃铜镰流行于春秋晚期至战国时期。铜铚略呈椭圆或半月形，形似蚌壳，器身上有两个圆孔，有的刃部有细的斜行篦齿纹。此器仅见于吴国范围内，是穿绳系于手指上用来收割谷穗的农具。

手工业工具发现地点较少，目前仅在江苏苏州城东北[106]、葑门河道[107]、无锡北周巷[108]、六合程桥[109]、安徽贵池徽家冲[110]、浙江绍兴[111]、长兴[112]等地发现。种类有斧、斤、凿、钻、刀、削、锯、鱼钩等。斧有平刃和圆刃两种类型。平刃斧呈长方楔形，平刃或微弧，长方銎，斧两侧各有一道或两道凸起的竖线纹。圆刃斧形体宽短，斧身两侧内弧，圆弧刃，刃角外侈，长方銎，此型斧为越族风格的青铜工具。斤即锛，器身窄长，刃部微弧，长方形銎。有窄刃和宽刃两种类型，有的銎部有凸棱两道。凿呈狭长形，两侧边竖直向下内收，单面窄刃或双面刃。钻呈管筒形，一端成圆锥状。刀仅见于绍兴 306 号墓，有直背窄刃柱柄刀、曲背宽刃扁柄刀和弧状长条形刀三种类型，其中一件扁柄刀柄端镶金质扁圆环。削的形制作弧背凹刃长条形柄，柄首作椭圆形环，削身较直或微弧，绍兴 306 号墓出土一种柄端镶金质扁圆环。锯的形制有两种，一种是长条形单刃锯片，另一种为削锯，即在削背上凿有锯齿形，主要用于锯割竹简一类物品。安徽贵池徽家冲出土的 14 件铜鱼钩，大小有别，最大的一枚长 10 厘米，最小一枚仅长 3 厘米，钩部有倒刺，柄端有一凹槽，便于结扎钩绳，形制与现代鱼钩基本相同。

青铜饰件包括建筑饰件和车舆饰件。建筑饰件大多用于建筑物的梁枋上。这类建筑饰件出现较晚，春秋时期吴、越两国均未见，目前发现的皆为战国时期越国遗物。1972 年江苏沙洲（今张家港市）鹿苑出土一件铜斗拱[113]，通长 62 厘米，高 38 厘米。呈曲臂状，上端为镂空蟠龙纹方斗，末端有锯齿状装饰，两侧均饰蟠螭纹，细部刻云纹、三角纹和羽状纹（图三三）。1975 年浙江绍兴娄宫乡里木栅村西岸头遗址出土一件铜构件[114]，通长 47 厘米，宽 14~17 厘米。平面近长方形，截面呈凹形，前端内弧，后端呈锯齿状装饰。表面及侧面饰蟠螭纹。上、下和前边饰两道凸弦纹，四周为变体龙纹，末端锯齿上饰蟠螭纹和折线纹。背连一长方形榫，并有四个对称分布的

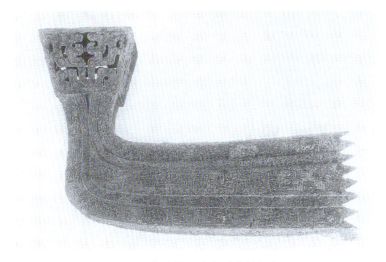

图三三　铜斗拱（张家港鹿苑出土）

小孔。时代应属战国早期。这件建筑饰件形制较为奇特，可能是用于车箱表面的装饰边板。1978 年河南固始侯古堆 1 号墓出土伞顶式肩舆的舆杆两端均安有兽形铜饰包头，装饰华美（图三四）。

4. 生活器具和货币

吴越两国的青铜生活器具的种类和数量较少，主要有箕、炉、虎子等。江苏仪征破山口墓曾出土一件青铜箕，作长柄簸箕形，箕后端口沿中央有一小半圆形环纽，侧面饰卷云形叶脉纹。从器物后部安装柄来看，很可能是作为收获粮食谷粒用的农具。1985 年丹徒王家山春秋晚期墓出土的铜虎子，形似一伏虎，器身椭圆，背上设半环形把手，流口朝上，呈椭圆形，器身两侧前后分别铸印蜷曲状兽足，通体光素无纹，是目前发现最早的虎子形器。同出的一件铜炉，形似鼎和三足盘的复合

图三四　肩舆杆铜饰包头（固始侯古堆大墓出土）

体，鼎的三扁条形足与盘口相接。绍兴 306 号墓出土一件有铭的铜炉，为徐器，与丹徒王家山出土吴器风格迥异。

　　关于铜货币，吴越两国尚未发现青铜铸币。自 70 年代以来，江苏句容[115]、金坛[116]、丹阳[117]、溧水[118]、昆山[119]和浙江长兴[120]、桐乡[121]、海盐[122]、绍兴[123]等地，陆续出土有青铜块。这些青铜块经定量分析，含铅量平均高达 38%，极少数甚至超过铜含量，因此，这类青铜块不是铸造青铜器的原料，而是吴越两国的一种金属货币。考古出土的青铜块大多出于西周至春秋时期土墩墓内，并盛在几何印纹陶罐内。同一批青铜块大小、轻重和形状不一，没有统一的标准和规范，其合金成分也有很大差异。根据残存的铜块观察，这种货币原来形制呈圆饼形，在使用过程中，根据需要随时敲打或切割成大小不同的青铜块。在浙江绍兴还出土过几批窄援、阑侧四穿的青铜小戈[124]，器形很小，戈体较薄，大小可分为五等、七等或九等，依次排列。这些青铜小戈并非越国的青铜兵器，有可能是春秋战国时期越国的特殊货币。此外，浙江绍兴等地还零星出土有青铜蛤蜊壳[125]，是否作为流通货币使用，还有待于今后更多的考古发现。

（二）　铁器和金器

　　春秋时期，吴越两国开始出现冶铁手工业。《吴越春秋·阖闾内传》记载："干将作剑，采五山之铁精，六合之金英。……使童女童男三百人鼓橐装炭，金铁乃濡，遂以成剑。"《越绝书·越绝外传》记载："欧冶子、干将凿茨山，泄其溪，取铁英，作为铁剑三枚"。可见，干将和欧冶子是吴越著名的炼铁工匠。他们带领300名童男童女共同炼铁，反映了当时已经出现了规模巨大、组织有序的冶铁工场。

　　根据考古发现，江苏六合程桥1号墓和2号墓分别出土铁弹丸和铁条。1号墓出土的铁弹丸，经金相鉴定，铁丸是白口生铁铸成。2号墓出土的铁条则是由块炼铁锻成的。根据1号墓内同出的带有"攻敔"铭文的青铜编钟，时代为春秋末期。

　　吴越两国的铁器实物，以铁农具为最多。江苏吴县借尼山7号墩出土铁铲1件[126]，经金相鉴定，为含碳0.2%块炼渗碳钢制品，江苏武进淹城内城河出土有春秋末至战国初期的铁刀和铁镰[127]。江苏江浦蒋城子遗址出土有铁臿8件，铁钁2件，并出土有铁块2件和铁条1件[128]，时代属春秋末期至战国初期。越国的铁器制品在浙江绍兴和永嘉也有发现。绍兴西施山曾出土铁锄、铁镢、铁镰及铁削等工具[129]。绍兴县上灶出土过铁镰和铁斧[130]，其中铁镰也和铜镰同样刃部铸有细锯齿。永嘉发现的一处青铜器窖藏中，夹有一件铁臿[131]，年代为春秋末至战国时期。

　　除了铁农具和工具外，吴越还铸造铁剑。《越绝书·外传记宝剑》记载：楚王命风胡子到吴国，聘请欧冶子和干将，凿茨山的铁英，作成龙渊、泰阿、工布三柄铁剑。台北王振华"古越阁"收藏一柄"越州㠯"铁剑[132]，在铁剑上配铜质剑格，剑格正面铭"戉州㠯戉州㠯"，背面铭："自作用剑自作用剑"，据铭文可知此剑铸于越王朱句时期，证明战国早期越国已有铁剑。

考古出土的实物证明，吴越两国的冶铁手工业起步稍迟于中原诸国，但至迟在春秋晚期至战国早期，已经使用铁质农具、工具和兵器。但在当时的生产领域中尚未得到普及推广，其种类和数量远远少于青铜器。

金器数量极少。浙江绍兴 306 号墓出土一件玉耳金铷[133]，器形呈椭圆形，敛口卷沿，腹部微鼓，平底。器身用纯黄金制成，腹部两侧近口沿处铆接对称的圆环形玉耳，耳上雕饰卷云纹。此器通体光圆，金光四射，并配以雕饰精美的白玉耳，整个造型华美典雅，为战国早期越国贵族使用的饮酒器皿。同出的小金饼、小金片，周围不规整，并留有剪凿痕迹，可能是金属货币。两块表面压印蟠螭纹的金箔残片，似为包镶于其他玉器具上的金饰件残片。

（三）玉石器

吴越玉器是吴越文化的重要组成部分之一，在中国古代玉器发展史上，有着不可替代的地位。自 60 年代以来，先后在江苏六合程桥[134]、江阴周庄[135]、吴县严山[136]、苏州真山[137]和浙江绍兴 306 号墓、凤凰山 3 号墓[138]、印山[139]等地，发现多批春秋晚期至战国早期的吴越文化玉器，为研究吴越两国玉器提供了大量珍贵的实物资料。

吴越两国的玉器，主要有软玉、宝石（水晶）和彩石（玛瑙、绿松石）三大类。软玉类按颜色分，有白玉、青玉、青白玉、黄玉、墨玉等品种，色彩丰富多彩，其中以深浅不同的绿色最多，有淡绿、茶绿、黄绿、墨绿，也有灰白色、乳白色、青白色以及少量的黄褐色、墨色等。在吴国出土的软玉中，还有少量的史前良渚古玉。吴县严山出土经过改制后的良渚文化璧、琮。玉琮剖成两半，留下一半，另一半琢制成别的器物。这类良渚古玉取材于本地的天目山脉、宜溧山脉、茅山山脉的个别山体中。地质部门已在江苏溧阳小梅岭发现了玉矿。经化验，矿石为角闪石软玉矿，其矿物结构和矿物成分，与史前良渚玉器几乎完全相同[140]。水晶制品在吴越两国墓葬中均有出土。吴县严山和苏州真山墓内出土的水晶珠无色透明，晶莹似水。绍兴306号墓出土的水晶珠呈紫色，当为"紫晶"。玛瑙纯者呈白色，不纯者因含其他金属元素呈灰、褐、红、蓝、绿、翠绿、墨或几种颜色相杂出现。吴县严山出土的吴国玛瑙器有乳白色半透明的环、管、珠，也有白中夹棕红带纹的酱斑玛瑙珠和朱红玉髓管。苏州真山出土有棕红色玛瑙管。绍兴306号墓出土越国玛瑙饰有笄、管、珠等。绿松石在吴越两国墓葬中均有发现，吴县严山出土的绿松石有蓝色、蓝绿色、黄绿色几种，也有夹有黑线的"铁线绿松石"，器形有觿、玦、管、珠等。苏州真山出土的绿松石呈墨绿、孔雀蓝和灰白色几种。绍兴306号墓出土有绿松石珠。除上述玉石、宝石和彩石类外，吴、越还发现有琉璃和琥珀制品。琉璃是我国早期的玻璃。吴县严山出土有琉璃珠2颗，蓝色，呈蜻蜓眼纹，河南固始侯古堆勾敨夫人墓出土一颗琉璃珠，湖北江陵望山一号墓出土越王勾践铜剑剑格上镶嵌的琉璃，经测定为钠钙玻璃制品。绍兴306号墓出土有琥珀小圆珠5颗。综上所述，吴越玉器的玉料以角闪石类软玉为主，同时，吴、越两国真玉与玉宝石、彩石玉混合使用的情形，与宗周王室基本相同[141]。这类彩石器除用作少量实用玉器外，大多数作为丧葬用玉。

考古出土的吴、越玉器，种类繁多。同一种器物又有不同的形制和不同的用途。根据玉器的出土情况，主要依据其用途作为区分的标准，吴越玉器主要可分为礼仪玉、装饰玉和葬玉三大类。

礼仪玉即仪仗用器，包括戈、矛、剑、镞、斧等。这类玉器在外形上仍保留着吴越青铜兵器和工具的形制，但已失去了实用价值，工艺精巧美观，以显示拥有这类器物主人的身份与地位。苏州真山大墓出土一件玉戈，呈青灰色，援、内均残，双面刃，阑侧二穿。绍兴凤凰山3号墓出土一件越王不光玉矛，前锋尖锐，双叶刃微内凹，短骹，骹末内凹呈弧形。矛身叶部左右均刻鸟篆文"戉王"两字，近本处左右铭"不光"，通体浅刻云纹。同出的玉镦作长圆筒形，下端为三尖足，器表刻卷云纹，为矛矜末端玉饰。此器为战国时期越王翳之礼器。绍兴印山越王陵出土一柄玉剑，呈灰褐色，剑身起中脊，断面呈菱形，茎、首残缺，其外尚存黑漆剑鞘。同出的两件玉镞，呈白色。一件为双翼式，圆柱形铤；另一件为三棱刃圆锥形短铤。吴县严山出土一件玉斧，呈茶绿色，扁平梯形，双面弧刃，上部中间有一圆孔，通体琢磨光滑，无使用痕迹。考古发掘证实，拥有这类礼仪玉的墓主，生前均为吴越王室贵族。

装饰玉是吴越玉器中品种和数量最多的一类。根据其使用方法的差别，可分为首饰、佩饰和剑饰三种。

首饰专指女人的饰物，包括笄、鬖、镯等饰品。吴县严山出土一件玉鬖，玉色淡绿，内蕴墨绿色斑点，呈圆弧形拱瓦状，两端琢出对称的鹦鹉首，高肉冠，钩喙，头部以圆形穿孔为目，颈与器件相连，器表饰四组蟠虺纹和羽状纹。此器当为束发用的玉鬖，两端鹦鹉首上穿孔可贯笄。绍兴306号墓出土一件玛瑙笄，笄身弯曲，一端有横向小孔。绍兴印山越王陵出土一件玉玦，呈白色，通体饰浮雕云纹。吴县严山出土一件扁平长方形山字形牌饰，上端有二浅凹槽，两侧分别斜镂一小孔，正面浅浮雕兽面纹，背面无纹。此器与史前良渚玉雕中的冠形器十分相似，当为吴国玉工仿良渚古玉改制的玉饰品。同出外缘镂琢五对花棱形的扁平弧形璜形玉饰、围棋子形饰和印山大墓出土的纽扣形饰，可能均为镶嵌于冠上的玉饰。严山出土的玉镯，玉色白中夹绿斑，通体呈绞索状，抛光。

佩饰为系结于衣带上的坠饰或穿上线绳悬挂于身上的玉饰品。吴越玉器中的佩饰种类较多，制作精致，常见的有系璧、佩璜、玉珑、玉觿、长方形佩、动物形饰等。系璧，呈小型扁平圆形，中有圆孔，按肉（边宽）、好（孔）的大小比例，分别称为璧、瑗、环。吴越玉器中小型璧、瑗、环的直径一般在2～7厘米之间，分素面和饰纹两种，素面璧器表琢磨光滑，厚薄均匀。饰纹璧分别以蟠虺纹和云纹为主。佩璜，为一种扁平弧形玉饰品，弧长为圆周的三分之一左右。吴国玉璜两端琢成对称的变体夔龙向中间延伸，头脊琢出扉棱，张口卷唇，两端琢出小孔似为目，与口相通。背部中间琢出小孔，两面饰蟠虺纹等纹饰。与中原地区玉璜两端分别琢出兽头、兽尾的形制不同。越国玉璜单面饰半浮雕云纹。玉珑呈扁平圆弧形，吴国玉珑有素面和饰纹两种。素面玉珑通体琢磨光滑。饰纹玉珑似变体夔龙形，头宽尾窄，头脊琢出扉棱，有小孔似目，张口状，两面饰蟠虺纹。玉觽呈上宽下尖形，是古代日常使用的一种解结器物，随身佩带。考古出土的吴国玉觽，主要有两种形制：一种为兽牙形玉觽，横截面呈扁椭圆形，吴县严山出土一件玉雕上端饰浅浮雕人面纹和蟠虺纹，端面钻一孔与二侧孔相通，尖部琢磨光滑，一侧有凸棱一道。另一种为有角玉觽，即在玉觽上端一侧雕出凸饰状的一对角，满饰蟠虺纹，尖部饰羽状纹。越国玉觽器件狭窄而弯曲，方头尖尾。另一种形似蝉，两面饰云纹。长方形佩，呈扁平长方体，两侧琢出不对称的牙脊状扉棱，体中心贯以对称的穿孔，有的在上部或上下部都有穿孔与体中孔互为贯通，从其贯孔中残存的麻质系物来看当为佩饰。考古出土的吴国长方形佩，两面满饰蟠虺纹；越国出土的长方形佩两面饰云纹。动物形佩，吴、越两国佩饰中有部分作动物形。吴国动物形佩有鸟形佩和兽形佩。鸟形佩作伏卧回首状，尾高翘，头部和足部各有一小穿孔，两面饰蟠虺纹。兽形佩作蹲伏状，两面饰变体夔纹。越国动物形佩有龙形佩和虎形佩。龙形佩龙身弯曲，两面浮雕云纹（图三五）。虎形佩作伏卧状，尾部上卷，两面饰勾连云纹。此外还有形体极小的玉鸟和玉蝉，玉鸟仅略形似，玉蝉形态逼真。吴县严山出土四件玦形佩，为绿松石质，左右两外侧各有三个山字形凸饰，身中部有一孔，两面琢磨光滑。这种玦身中部穿孔和外侧作花形凸饰的做法，应属佩饰而非耳饰，具有明显的传统越式玉器特色。吴县严山出土的吴国实用玉器中还有一件双系拱形起脊玉饰，呈拱瓦形，两侧各有系耳，一系作兽头形，口部正中斜镂一穿孔，另一系为平行双圈中又有一个小环，小环上端有一活

图三五 龙形佩（绍兴
306号墓出土）

榫，嵌在双圈内孔中，下端椭圆环，小环可自由转动，器身饰
两组相互对称的兽面纹和凤鸟纹，器背饰四组鸟纹和云纹
（图三六）。此器应为玉带具。

剑饰包括玉剑格和玉珌。江苏六合程桥二号墓出土玉剑格
和玉珌各一。剑格正视呈一字形，俯视呈扁椭圆形，中间有菱

图三六　双系拱形起脊玉饰（吴县严山出土）

形穿孔，外侧表面以六道垂直凹槽分隔成六个大小不等的长方形凸面，其上浅浮雕蟠虺纹，剑格底部饰剔地隐起的勾连云纹。玉珌正视呈梯形，两侧面各有三道平行横凹槽，四周表面饰蟠虺纹，上端有一穿而不透的圆孔。吴县严山出土蓝绿色绿松石珌，断面略呈椭圆形，上端有椭圆形孔，下端实而平齐，器表琢磨光滑。这两件玉珌当为镶于剑鞘下端的饰件。1999年杭州半山石塘战国越墓群曾出土一套玉剑鞘，鞘身为两片扣合式，分别刻有五组龙纹，并出土十余件白玉、青玉剑具，包括剑首、剑格、璏、珌等，除剑珌外，其余均双面刻有纹饰，其中一面阴刻兽面纹，另一面 S 形地纹中刻有"越王"等鸟篆文，并发现一枚刻有"越王之子"的玉剑格[142]。

　　葬玉一般指专为保存尸体而制造的随葬玉器。吴越民族使用葬玉有着悠久的历史，早在崧泽文化时期已经出现玉琀，良

图三七　苏州真山大墓缀玉瞑目复原

渚文化时期氏族贵族有玉殓葬的习俗。至春秋晚期，吴越两国王室贵族死后使用缀玉瞑目、珠襦、玉甲等葬玉。

　　缀玉瞑目是缝缀在死者脸部覆盖的织物上象征人脸五官的玉片。这种葬玉在中原地区始见于西周前期，盛行于西周晚期，而吴越两国王室贵族使用这种葬玉出现于春秋晚期。苏州真山大墓出土的缀玉瞑目，虽经盗掘扰乱，但出土玉片尚可复原吴国王室贵族缀玉瞑目的原状（图三七）。这组葬玉由分别代表眉、眼、鼻、面颊和口的虎形佩、拱形饰、瑗和琀组成，玉片表面涂有朱砂。虎形佩一对呈低首弓背形，头脊有扉棱，尾下垂而尾尖上卷，表面饰兽面纹。拱形饰3件，均呈拱瓦状，素面抛光，其中两种眼罩略小，鼻罩较大。玉瑗一对，正面饰浅浮雕云纹和蟠虺纹。玉琀呈长条形，中部束腰，两端正背两面均饰兽面纹。这组以兽面纹为主体纹饰的缀玉瞑目，大于人的脸面，与死者五官不成比例，且采用了立体的眼罩和鼻罩，与中原地区平面玉片缝缀的缀玉瞑目不同，反映出吴国贵族缀玉瞑目的特有风格。越国的缀玉瞑目尚未见完整的出土品。绍兴306号墓的墓室被盗掘扰乱，残存的龙形佩、璜形佩、方形饰、玉瑗、长方形饰等一组玉器，与真山大墓出土的吴国缀玉瞑目大致相同。龙形佩一对作回首曲身卷尾上翘的龙形，璜形佩两端有小孔，似为眼罩。方形饰四角有对穿小孔，似为鼻罩，玉瑗一对象征面颊。长方形饰两端各有象鼻形孔两个，当为玉珩。这组玉片上均有小穿孔，可以缝缀在织物上。玉片正面均浮雕云纹或以云纹为地纹的兽面纹。参照苏州真山大墓的缀玉瞑目，当为越国贵族的缀玉瞑目。绍兴印山越王陵残存玉器中出土的一件长方形玉饰，器件扁薄，两侧对称有一浅凹口，两面浅雕云纹，与吴县严山出土的兽面饰长方形玉饰大致相同，应为缀玉瞑目中的玉珩。

珠襦为丧服中的上衣，用珠、管等玉器穿缀而成。《吴越春秋·阖闾内传》记载，吴王阖闾葬女有"金鼎、玉杯、银樽、珠襦之宝"。苏州真山吴国贵族大墓的棺床范围内，出土大量不同形制与质地的珠、管等串饰，多达11055件。珠大多为圆形珠，另有少量的孔雀蓝、灰白等色，还有墨色圆柱形管、墨绿、孔雀蓝色梭形管。在一件漆盒中，出土有玛瑙管、玛瑙珠、水晶珠及绿松石珠等300余件，其中部分还保存穿缀成串的原貌，依次由棕红色玛瑙管、暗绿色绿松石珠、白色水晶珠或白色玛瑙珠、绿松石珠相间重复串成。这些由玉、玛瑙、水晶、绿松石等不同质地的珠、管组成的色彩斑斓的串饰，出土位置在死者胸部，当为吴国贵族作丧服用的珠襦。

玉甲为古代丧服中的下衣，用玉片穿缀而成。迄今仅在苏州真山大墓内发现，出土位置在死者腰部以下，共出土长方形青白色玉片187片，有双面纹、单面纹和素面三种，纹饰为双线阴刻变形夔纹或浅浮雕蟠虺纹，玉片两端各钻有7～8个小孔，可连缀为衣，与文献所载丧服下衣"玉甲"相符。少数玉片另外还钻有1～2个稍大的孔。玉甲的下部包括一组玉阳具饰，共三组六件，每两件为一组，拼合成拱瓦状，衔接一端各有对称的两个小孔，另一端各有一小孔，上面一组呈内圆外方的半琮形，中间和下面两组呈半镯形，下面一组稍大，顶部明显隆起。三组玉器表面均饰兽面纹。这件由三组纵向排列而成的阳具饰，原和玉甲合缝相接连成一体，成为整件玉甲的组成部分（图三八）。这套包括阳具饰在内的玉甲，在春秋晚期贵族丧服中为首次发现。

越国珠襦在绍兴印山越王陵和绍兴306号墓内也有发现。印山越王陵内棺两侧呈堆状分布有两组玉珠、玉管，包括白色圆柱形玉管和黑色圆形玉珠，大小和油菜籽相仿。这些玉珠、玉管上都有细小的钻孔，以便于穿缀。绍兴306号墓内出土珠、

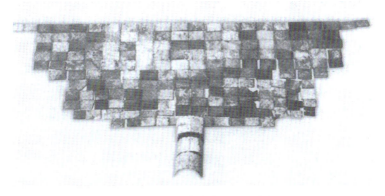

图三八　玉甲（苏州真山大墓出土）

管类数量极多，其中残存的圆形绿松石珠共 1000 余颗，还有玛瑙珠、琥珀珠、水晶珠和玛瑙管等，当为越国贵族丧服珠襦上散落的遗物。

除上述葬玉外，绍兴印山越王陵墓室内出土 19 件八棱形玉镇，通体阴刻勾连云纹。这种玉镇置于墓内地面铺设的席子边缘用作压席之用。此外，印山越王陵和苏州真山大墓分别出土的玉钩，可能也属墓内悬挂用的构件。

吴越玉器上的装饰纹样丰富多彩，大致可分动物纹和几何形纹样两类，动物纹样包括兽面纹、人面纹、蟠螭纹、夔纹、鸟纹等；几何形纹样有云纹、弦纹、水波纹、羽状纹、网纹、麦穗纹等。吴越玉器上的装饰纹样，除部分龙纹玉器具有明显的中原春秋晚期玉雕的特色外，较多的玉器仿中原玉雕纹饰题材而加以改造，如兽面纹出现简化的变体兽面纹，龙纹的龙舌上端加饰细密的网纹，鸟纹比中原长尾鸟纹更趋简化，并在鸟身上加饰羽状纹，这种装饰纹样与中原地区同类题材的纹饰风格迥异，表现出吴越文化玉雕特有的风格。此外，吴越玉雕纹饰中的人面纹、水波纹、勾连云纹、羽状纹、网纹、麦穗纹等，与吴越青铜器和印纹陶器上的纹饰极为相似，具有明显的吴越文化特色。从吴越两国玉器纹饰比较而言，吴国玉器纹饰种类较多，主体纹饰以蟠螭纹和兽面纹为主，常填以羽状纹、网纹和鳞纹等，还在同一件玉器表面集兽面、凤鸟、蟠螭等多种动物纹样以及卷云、麦穗纹于一体，表现出优美神奇的艺术形象。而越国玉器纹饰较为单纯，大多以云纹和派生出的勾连云纹为主，有的填以弦纹或斜线纹，表现出吴越两国玉器装饰纹样不同的地域特色。吴越两国的动物形玉饰形象生动，吴国的虎形佩垂首卷尾，拱背屈足，威武凶猛；越国的龙形佩回首张口，曲身卷尾，雄伟矫健，富于动感，反映出吴越玉工丰富的想象力和精湛的艺术造诣。纹饰的琢制不仅保留了传统的细线阴刻与阳刻一面坡斜切法，而且较多地采用减地浅浮雕与阴刻阳线相结合的手法，还采用双钩阴线，以突出阴线之间的阳纹，使装饰纹样显得丰满柔和，富有层次感，具有较强的立体效果。这种琢玉技法代表了春秋晚期玉雕工艺的崭新风格。

吴越文化遗物中，石器主要有乐器和兵器两类。

乐器中有石质编磬。江苏丹徒北山顶春秋晚期墓中，出土有编磬一套共 12 件[143]，系用青灰色和黑色石灰石磨制而成，呈曲尺形，有倨孔，其鼓内及股内呈弧形。12 件石磬大小相次，这套石编磬与青铜编钟等共同组成吴国的祭祀宴飨乐器。石桴头用灰白色石灰石磨制而成，呈扁圆形，中有柄孔。出土位置靠近青铜悬鼓环，应为悬鼓的鼓锤。

兵器有石矛。1957 年浙江绍兴县义桥出土一件越王石矛[144]，全长 22 厘米，石质细腻光滑，矛身呈两度弧曲状，中脊隆起，短骹，骹末作内凹弧形，骹部有穿，未穿通。矛身饰勾连云纹，骹上部饰三角纹，并饰勾连云纹。矛身正面左右各刻有"戉"和"戉王"，共六个字。1973 年在绍兴平水镇也出土了一件越王石矛[145]，前锋已断，残长 17 厘米，形制与义桥出土越王石矛相同。上饰双线三角纹，内饰卷云纹，正面双叶两侧各刻"戉王"二字。这类越王石矛与越王不光玉矛相似，做工精细，前锋及两叶刃部都不够锋利，当非实用兵器，属于礼器。绍兴印山越王陵出土一件石矛，呈柳叶形，中背凸起，断面呈菱形，骹残。背面有一凹槽，骹上部有一小圆孔，当为捆扎木矜之用。

（四）陶器和原始瓷器

陶器和原始瓷器是吴越文化各类遗物中数量最多的一类文物，是判断吴越文化性质和年代分期的重要依据。吴越各类陶器和原始瓷器，普遍存在于遗址、城址、窑址以及墓葬中。大量出土的陶器和原始瓷器，为进一步深入研究吴越文化积累了丰富的实物资料。

吴越立国之前，在吴越两国地域内的夏商周文化分属马桥文化和湖熟文化。陶系可分为夹砂陶和泥质陶两大类，器物种类可分为炊器、盛贮器和生产工具三类。

夹砂陶均为炊器，以夹砂红陶和夹砂红褐陶为主。由于地域不同和周围文化的影响，吴越不同地区使用的炊器的种类和形制也不相同。宁镇地区的炊器以鬲、甗为主。商代早期多体形修长的高裆鬲，商代晚期多口沿外折高瘪裆的袋足或锥形足鬲，大多素面，少数饰绳纹。陶鬲基本造型受到中原地区的影响，但不少鬲腹上带角状把手则是地方特色，反映出土著文化与中原文化兼容的特征。吴国立国后，流行素面分裆鬲和低弧裆鬲，并常见带角状把手或钩状小耳的鬲。甗有袋足甗和扁足甗两种，腰部饰压印有指窝状捺印纹的附加堆纹。皖南地区流行带竖向细绳纹的平底或袋足甗，除鬲、甗外，还有少量的鼎、甑、釜、盉等炊器。鼎腹作罐形、盆形或钵形，有不少鼎的腹部也带有角状把手或在腹部两侧有对称的钩状把手，多圆锥形足和扁锥形足。常见夹砂红陶扁足或鸭嘴形足鼎、甑及器盖，安徽青阳出土春秋中晚期的陶鼎为夹砂灰陶盘形圜底锥形足鼎。釜多敞口深腹釜和双耳釜。安徽南陵千峰山流行束腰袋足盉以及素面平底盉等夹砂陶器。

太湖地区和钱塘江以南的炊器有鼎、甗、釜等。商代马桥文化多釜形鼎，鼎足有凹弧形、舌形和圆锥形。西周早期鼎作敛口或直口，凸圜底，附单把手或双耳，把手为上翘羊角形，耳为扁环形贴耳，器足断面为圆形或椭圆形。西周晚期至春秋早期出现夹砂红陶浅腹带錾鼎和浅腹附耳盆形鼎，底部有三个外撇的羊角形足或扁足，器表饰曲折纹或篮纹。春秋战国之际鼎足有外撇蹄形足、凿形足和扁矮足。越国的陶制炊器与太湖地区吴国炊器相同，以陶鼎为主要炊器，器形多敞口折颈，鼎足有圆锥形或扁锥形足，器表往往饰有绳纹。马桥文化的甗流行甗、鼎合体的宽沿束腰实足甗，这种炊器至西周早期仍然流行，口沿形制多样，器内有的隔部还有几个用以承箅的凸纽。越国陶甗形制稍有不同，浙江萧山蜀山遗址出土的陶甗一侧附羊角形把手，鼎腹开有注水口。西周中期以后，吴越地区不见陶甗。釜是吴越地区传统的炊器。吴国陶釜多夹砂褐陶，器形为敛口，微卷沿，球腹，圜底，有的器表拍印浅乱的席纹。苏州新庄战国遗址出土的夹砂灰陶釜，修口，束颈，球形腹或筒形腹，器表饰绳纹。这种釜的底部和腹部均有烟熏痕，为实用炊器。绍兴出土的越国陶釜，口略敞，圆球腹，圜底，腹部拍印绳纹，器形与吴国陶釜相似。甑是蒸煮食物用的炊器。越国的陶甑作盆形，底部有排列有序的几个圆孔。

印纹陶器是吴越两国主要的陶器类别之一。印纹陶有软、硬之别，烧成温度有高低之分。一般来说，印纹软陶胎质呈橘红或红褐色，烧成温度低于 1000℃；而印纹硬陶的胎质呈深褐色与紫褐色，烧成温度高于 1000℃。马桥文化印纹陶的陶质从软到硬是一种渐变的过程。吴越地区范围内，以浙西南金衢地区出现最早，目前发现最早的印纹陶是浙江遂昌好川遗址发现的印纹陶，与良渚文化共存。此后，烧制印纹陶技术逐渐北传，商代后期太湖地区开始出现印纹陶器，至西周前期宁镇地区也出现有印纹陶器。印纹陶器的种类主要是坛、瓿、罐、瓶一类盛贮器。

坛的形体较高，最大径在肩部。瓿形体较胖。罐器形较小，器形与瓿相近。夏商之际流行折肩圜凹底瓿与罐，并出现深垂腹罐，纹饰有条纹、斜方格纹、席纹及少量云雷纹。商代后期多圆肩圆腹、圜底略凹的坛、瓿，纹饰为席纹和云雷纹。西周早期坛、瓿等器物形制与商代后期相同，但底部改为平底。纹饰有曲折纹、回字纹和云雷纹等，以曲折纹与回纹组合纹最为常见。西周中期坛、瓿流行圆肩大平底，纹饰常见曲折纹、回字纹、弦纹叠套复线菱形纹。西周晚期以后，印纹陶坛、瓿下腹开始收敛渐趋瘦削，体形向瘦高方向发展。纹饰除原有的纹饰外，还常见复线菱形纹与回字纹、叶脉纹与水波纹或方格纹等组合纹饰。春秋中期以后，印纹陶坛、瓿、流行席纹、方格纹、米筛纹和大方格填线纹。春秋晚期瓿由圆肩变为溜肩。战国早期流行高颈宽肩坛，器表多米字纹、小方格纹和麻布纹。印纹陶罐的形制种类较多，有鼓腹罐、垂腹罐、环耳罐、筒形罐等，战国时期流行敛口四耳罐，通体饰细麻布纹。印纹陶瓶大多作扁腹瓶，西周时期印纹陶罐、瓶一类器物肩部常塑一对兽耳（图三九），有的腹身还堆贴四条扉棱，其中两条与兽耳相连，具有浓厚的吴越地方特色。除坛、瓿、罐、瓶以外，还有印纹硬陶尊、盂、盆、杯等，但数量很少。此外，吴越地区还烧制素面硬陶器，胎质胎色与印纹硬陶相同，但器表没有拍印几何形纹饰。这类硬陶器中除部分素面外，大部分

图三九 双兽耳纹印硬陶瓿（无锡华利湾墓出土）

也有刻画纹或锥刺纹。常见的有坛、罐、盂、豆、钵、碗等，浙江长兴石狮土墩墓出土一件素面硬陶船形壶，器形特殊，平面略呈船形，两端呈尖状上翘，上方近两尖端各有一半环形竖耳，一侧有一圆形短流，形制极为罕见。

泥质陶器胎质细腻，质地松软，火候很低，部分碎器难以复原，商代吴越地区马桥文化泥质陶约占四分之三，其中泥质红褐陶最多，泥质灰陶次之。宁镇地区湖熟文化泥质陶数量较少。西周前期，太湖地区泥质陶器较前期减少，并且泥质灰陶数量远远超过泥质红陶。另有少量的泥质黑陶。宁镇地区泥质陶器包括红陶、黑陶、黑衣红陶、灰陶和黑皮磨光陶等。西周中晚期至春秋中晚期，泥质陶数量急剧减少，太湖地区土墩墓内随葬泥质陶器仅占出土物总数的百分之五。春秋晚期至战国时期，泥质陶器有灰陶和红陶两种，胎质一般较厚，且多大型器，多数为素面，少数器表饰有弦纹、波纹等纹饰。泥质陶器的种类有坛、罐、盆、盘、器盖等，其中坛、罐一类器形与印纹硬陶相同。盆的器形较大，盘的器形较多，太湖地区流行直口直腹平底盘，宁镇地区有直口浅腹圈足盘和侈口直腹三个方形或乳丁足盘。器盖为大捉手覆盘形盖。另有一种喇叭形撇口长筒腹平底的大口器，胎质较细，胎色灰白，外有一层黑衣，易脱落。苏州新塘战国墓出土有黑衣灰陶罐和盘。绍兴凤凰山战国墓出土的黑衣灰陶器为仿铜陶器，器形有盖鼎、兽面鼎、豆、壶、三足盘、瓿、甑、盉、罐、盆、匜等。其中附耳外卷的兽面鼎和有兽首形流的提梁盉以及甑鼎均作附耳组成的陶瓿，都是典型的越器。而附耳外撇蹄足的盖鼎和两半球形器扣合的陶敦则具有明显的楚式风格。

原始瓷器是以瓷土为制胎原料所制作的具有较低吸水率的带釉器物，釉色多青绿色，故又称原始青瓷。其烧成温度在1200℃以上。它是陶器向瓷器过渡阶段的产物。吴越地区自商代前期开始出现原始瓷器，浙江江山肩头弄、上海马桥、江阴花山和南京北阴阳营等遗址发现了少量的原始瓷器残片。商代后期，吴越地区以江山肩头弄第四单元和海宁夹山一期土墩墓出土的原始瓷为代表。西周早中期，吴越地区开始成为整个南方地区原始瓷器最发达的区域[146]。其中浙西南金衢盆地及其附近一带可能是当时原始瓷的重点生产区。1983年衢州西山西周早期土墩墓出土17件陶瓷器中，13件为原始瓷器，均胎骨致密，釉面均匀，制作工艺水平较高。1981年浙江义乌平畴西周晚期墓出土随葬器物114件，其中原始瓷器共100件，数量之多为全国所未见。西周晚期至春秋战国时期，原始瓷器的生产优势逐渐北移至太湖地区及杭州湾一带。浙江德清皇坟堆出土一批原始瓷器，包括簋、尊、卣等仿铜器形制。这一时期宁镇地区出土原始瓷器数量较少，长江北岸的仪征、六合地区则数量更少。春秋晚期至战国中期，吴越地区的原始瓷器种类较多，不仅生产实用的生活器皿，还专门烧制作为随葬明器的仿铜的原始瓷礼乐器。

吴越两国原始瓷器可分生活器具和明器两大类。

生活器具品种较多，有豆、碗、盅、盂、罐、器盖等。早期以豆为主要流行器物。商代为浅盘高圈足豆和敛口豆。西周时期流行敛口深腹豆和敞口折腹豆，豆盘外壁常见弦纹，有的带二至三组成双配置的乳丁形附加堆纹，釉色青绿或黄绿。春秋早期敛口豆已消失，变成直口圈足碗，敞口豆已演变成为敞口小弧腹平底碗，器形趋于规整，内壁出现细密整齐的轮旋纹，外底留有箕状的线割痕迹。春秋中期原始瓷碗的腹壁逐渐变直趋深，至春秋晚期形成盅式碗，并流行盖、身有子母口和带桥形钮器盖的盖碗。盂大多为敛口弧腹或折腹矮圈足盂。浙江德清独仓山土墩墓出土一种圈足外底粘附四个外撇小足的四足小盂。安徽屯溪 3 号墓出土有带座盂，下为圆座，上置七件小盂。不少原始瓷豆、碗、盅、盂等器物外底往往刻画有二十余种陶文符号，这些刻画符号是在原始瓷器制坯未干时用尖状器刻画而成的。罐的种类和数量较多，商代已出现折肩圜凹底罐、弧肩圆底罐、高颈曲腹罐和凹底筒形罐，西周时期流行鼓腹平底或圈足罐和垂腹罐。江苏句容浮山果园一号墩 10 号墓出土一件双身龙耳罐，形制特殊。西周后期至春秋时期流行筒形罐，太湖地区筒形罐腹斜直，直口凹沿，肩部两侧贴有一对绚系装饰，并附贴二至三个横 S 纹，腹部饰竖线和重圈组合纹。皖南和浙西南多见侈口椭圆腹圈足筒形罐，肩部两侧饰对称横系，系两端饰小泥饼，通体饰弦纹。春秋时期还出现盖罐，在弧拱形盖顶中央有绚纹纽或塑鸟形纽。春秋后期至战国前期有侈沿圆肩罐，战国中后期出现兽形耳罐。壶、盉类器主要流行于黄山、杭州湾以南地区。安徽屯溪3号墓出土原始瓷壶作小口圆腹，有的在口沿下至上腹部一侧有鋬，壶通体饰粗弦纹。盉略呈圆锥形，盖与器连为一体，前有流，流侧有鋬，通体饰粗弦纹。浙江义乌平畴西周墓出土一件原始瓷提梁盉，器形为短领折肩圈足盉，拱弧形盖与器身连为一体，肩部一侧有向上的喇叭形流，原有扁条形提梁已残断，流下、肩部和提梁两端均饰S形泥饼，通体除圈足外施青绿色釉。苏州上方山出土一件原始瓷盉略呈鸡形，器上部一端为鸡首状，另一端为朝上的流口，中部微凸，整体如蹲伏母鸡状。

在生活器具中，越国还出土有镇和熏两类实用器。原始瓷镇在绍兴西施山[147]、上灶村[148]和余杭崇贤[149]等地均有出土。器形呈半球状，顶置环形纽，器表饰弦纹、水波纹、变体云纹等纹饰，中空，底部中央有圆孔。形制颇似权，器形与绍兴印山越王陵出土玉镇相同，应为压席用的镇。熏作细长颈壶形，绍兴凤凰山3号墓[150]出土一件原始瓷熏为细长颈扁鼓腹平底，肩腹部有上下两排相错的三角形镂孔，并饰五周绚纹，口沿下饰五周凸弦纹，器表施青黄色釉（图四〇）。此器器形较大，应为实用的香熏。

明器均作仿铜礼乐器，器形较小。这些仿铜的原始瓷器都出自墓葬中。原始瓷礼器有鼎、簋、尊、卣、盉、盘、匜等，其中鼎的形制有撇足鼎、盖鼎和兽面鼎，撇足鼎仿自青铜器中的越式鼎。江苏丹阳导士出土一件鼎，呈侈口束颈浅腹，三短足外撇，器腹饰锥刺纹，并堆贴有三条扉棱。盖鼎为圆腹附耳

图四〇 原始瓷熏（绍兴凤凰山 3 号墓出土）

三外撇蹄足鼎，拱盖饰凸绹纹和 S 纹，中央有纽，仿青铜盖鼎。兽面鼎为直弧腹附耳平底三蹄形短足，口沿正面阔斜唇面上作竖眉鼓目兽首形，与兽面对称一侧有尾形装饰，此类鼎仅见于越国。簋仿吴越地区的青铜扁体簋。江苏武进淹城出土一件原始瓷扁簋，肩部两侧堆贴对称绹纹耳和五只小鸟装饰，腹部饰锥刺纹，两侧各有一扉棱，施青黄色釉。吴县夷陵山出土一件原始瓷簋，腹部也饰锥刺纹并有扉棱装饰，器内置四件带飞鸟盖的原始瓷盂（图四一）。原始瓷尊形制中，春秋时期出

图四一　原始瓷篮（吴县夷陵山出土）

现一种喇叭口扁圆腹矮圈足三段式尊，仿自吴越流行的青铜尊。浙江德清皇坟堆墓出土一件三段式尊，腹部有扉棱三条，并饰两层重线水波纹，间以横 F 纹，通体内外施淡黄绿色釉。卣的器形为直口折肩垂腹平底器。江苏江阴周庄大松墩墓出土一件原始瓷卣，颈部饰一周凸棱和锯齿形刻画纹，腹部饰变体勾连云纹，肩部两侧有对称錾耳，錾耳下端均内凹，可系绳作提梁。内外施茶黄色釉，制作精致。盉类器除地方型原始瓷盉外，战国时期越国还流行仿铜提梁盉，器身为直口斜弧腹三蹄足，带环形纽圆盖，肩部置弓形提梁，一端有兽首形流，盖面及肩部饰凸绚纹数周并间隔横 S 纹。原始瓷盘中有一种仿铜的附耳盘。江苏苏州上方山墓出土一件原始瓷附耳盘，上腹部饰弦纹、锥刺纹和斜线纹相间组合纹饰，并附有两组对称的横 S 纹堆塑。盘内置四只造型各异的小盖盉，一件为鸟形纽盖外，其余三件为桥形纽盖。匜常见于战国墓内，器形略呈椭圆瓢形，一侧有上翘的短流，尾部有一纽，内外施青黄釉。

　　原始瓷乐器有编钟、编勾鑃和镎于。1983 年浙江海盐黄

家山战国墓出土一套原始瓷乐器[151]，包括编钟 15 件、编勾
镰 14 件和镈于 2 件（图四二）。编钟经修复完整者 13 件，均
为甬钟，钟体略呈圆筒形，钲部有短圆柱状枚 36 个，圆柱形
中空甬，环状旋。钟体舞面刻画四条弧曲线和"C"字纹，甬
部上端刻画一周蕉叶纹，内外壁施青色釉。最大者通高 43.2
厘米，最小者通高 32.1 厘米，大小渐次递减。编勾镰 14 件
中，经复原完整者 12 件，器体呈合瓦形，长方柱形柄，器体
底面刻画纹饰与甬钟相同，近舞部刻划蕉叶纹，柄上端及器体
外表下沿刻画"C"字纹。最大者通高 44.7 厘米，最小者通
高 17.3 厘米，大小相次递减。镈于 2 件，一大一小，呈圆筒
状，上部微鼓，顶面有一虎形纽，纽两侧各有一小圆孔，顶面
上部及遂部均刻画"C"字纹，近底处微外侈。除上述三组原
始瓷乐器外，墓内还出土有泥质灰陶纽钟和泥质灰陶磬各一
组，均作为随葬用的明器。1984 年浙江余杭县崇贤战国墓内
出土一组原始瓷编钟 5 件，均为甬钟，形制与海盐黄家山出土
编钟相似，仅器形较小，装饰纹样较为简单。

（五）漆木竹器

吴越文化遗物除青铜器、铁器、玉器、陶器和原始瓷器以
外，还有漆木竹器和其他遗物。

漆木竹器作为实用生活器具和建筑构件，在吴越地区出现
很早。早在距今六七千年前，吴越地区先民的"干栏式"建
筑就使用带有榫卯的木构件，此后又出现了木构水井，并出现
了铲、刮刀、桨等木器以及漆碗、漆罐、漆器座等重要遗物，
证明吴越地区是使用漆木器比较发达的地区[152]。

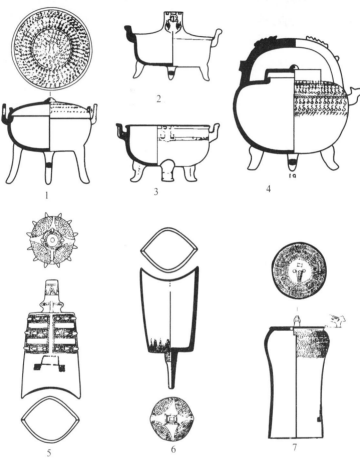

图四二　仿铜原始瓷礼乐器

1. 盖鼎（绍兴上灶出土）　2. 兽面鼎（绍兴璜山出土）

3. 双螭鼎（余杭崇贤出土）　4. 盉（绍兴凤凰山出土）

5. 甬钟（海盐黄家山出土）　6. 勾镭（海盐黄家山出土）

7. 錞于（海盐黄家山出土）

吴越两国漆器的胎骨以木为主，髹黑漆或朱漆。由于漆木器易朽，因此考古发现保存至今的漆木器极少，不少漆器仅存剥落下来的漆皮。各类漆木器除少数发现于遗址中以外，大多见于春秋战国时期吴越两国的贵族墓内，考古出土的吴越漆木竹器品种较多，可分为生活器具、工具和兵器、乐器、舟舆、葬具等五类。

生活器具种类较多，主要有案、俎、豆、盒、樽、枕、奁、梳等。木案呈长方形，四角有方孔以镶接案足。浙江绍兴凤凰山 2 号战国墓出土一件木案[153]，长 33 厘米，宽 8.4 厘米，案足残缺。漆俎出土于河南固始侯古堆勾吴夫人墓内[154]，呈长方形，中间稍凹，俎面和两侧髹黑漆，并朱绘成斜三角纹和云纹。俎下有两根横木，各插圆形立柱三根，立柱下边也插入横木的圆眼内。漆豆呈浅盘喇叭形座。绍兴凤凰山 2 号墓出土漆豆浅盘内髹朱漆，盘外壁和喇叭形座髹黑漆，并朱绘云纹。江苏苏州真山大墓出土漆盒 3 件，均已腐朽，但仍可辨别形状，略呈长方形，长 60 厘米，宽 25 厘米，髹黑、红两色，纹饰为云雷纹或变形云纹，边侧镶嵌绿色兽面纹图案。安徽青阳龙岗 1 号墓出土一组春秋晚期的漆器[155]，包括盒、樽、枕、奁等，木胎较厚，均髹黑漆。盒呈长方形，盒身两侧对置四铜环，盖呈四边斜杀的覆斗形，盖顶中央嵌一铜提环。樽用整木挖空制成，呈圆筒形，近口处两侧有方形贯耳，底有三个方柱形矮足。盖平顶斜弧，附两贯耳，与樽身贯耳相接贯通，盖、身以子母口扣合，盖面与樽身上下部均饰弦纹。枕略呈弧形，中空，由盖、身扣合而成，素面。奁略呈长方形，背呈圆弧形，饰数道弦纹，奁齿细密。绍兴凤凰山 2 号墓出土一件木梳，背作椭圆形，饰三条凸弦纹，齿较细密。此外绍兴凤凰山3号墓还出土有木盖、木勺、木杖和器纽等生活器具，大部分已朽，器形难以辨别。竹制生活器具发现极少，江苏丹徒王家山墓靠近墓坑北壁有方形竹笥痕迹，用竹篾编织而成，可惜已朽，无法复原其器形。

工具和兵器有耒、杵、削和纺织工具。江苏苏州新庄东周遗址出土战国时期的木耒[156]，呈长方形带柱形长柄，通长91厘米，耒身前端窄而薄，后部厚而略宽，正面斜有刃，背面微弧鼓。浙江绍兴印山越王陵墓坑内青膏泥和墓道填土中，出土3件木杵，两端粗，截面呈椭圆形，中段细长，通长180厘米。江西贵溪崖墓出土一套战国早期越国的木质和竹质纺织器材，共36件。可分纺织工具和纺织机件两类。纺织工具包括刮麻具、刮浆板、纺坯、绕线框、绕线板、结纱钉杆、理经梳、牵经具等，系织造前作准备工作用的工具。纺织机件包括打纬刀、挑经刀、引纬杆、夹布棍、分绞棒、经纱导辊、卷布导辊、剔纱刀、撑杆、经轴、杼、梭、吊综杆等，这批纺织机件是属于早期斜织机上的主要构件。这批纺织器材中除理经梳系象牙制品外，其余多数为木制品，少数为竹质制品。

兵器有剑鞘、柲、弓等组合构件。剑鞘由两块薄木片依剑形尺寸挖制成形后相合而成，外面以丝线缠绕加固，并髹黑漆，外形上宽下窄，近下部弧形内收，末端一段以榫合法装一木质或玉质的珌。安徽青阳龙岗1号墓出土一种春秋晚期剑鞘，长41.6厘米，上宽6厘米，下宽5.2厘米，髹黑漆，近鞘口处刻画细网格纹。绍兴印山越王陵和安徽青阳龙岗1号墓均出土有矛柲，均用细圆木做成。印山出土一件木柲，一端呈尖锥状，另一端已残断，残长112厘米，直径

2.4 厘米。木柲上缠绕 3 毫米宽的藤条或竹篾，将木柄紧紧包裹，其外再髹黑漆。该器与同出的柳叶形石矛属同一件器物。龙岗墓出土一件为铜矛的木柲，柲长 120 厘米，直径 3 厘米。木柲近底部用竹片包裹，丝线缠绕，外髹黑漆，通体饰凸弦纹。弓是和矢镞配合使用的远射武器。安徽青阳龙岗 1 号墓出土一件竹弓，长 106 厘米，中间宽扁，两边弧曲，两端凿有系弦的凹槽。

　　乐器有鼓、琴和瑟。吴越地区的鼓大多已朽烂。绍兴 306 号墓出土铜屋模型，屋内鼓架上悬一鼓，呈圆筒形。江苏丹徒北山顶墓出土有一件悬鼓，已朽，仅存青铜悬鼓环和一片朱红色漆皮，由于挤压变形，鼓已无法复原。江西贵溪崖墓出土一件漆鼓的残部，木质，呈扁圆形，直径 26.8 厘米，高 6.5 厘米，鼓框呈圆弧形，上下边各有两排竹钉，用于绷紧鼓皮，鼓身髹黑漆。河南固始侯古堆勾敔夫人墓出土有漆雕木鼓、漆木鼗鼓各一件。漆雕木鼓呈扁圆形，直径 42 厘米，高 20 厘米，用三个一组的竹钉蒙鼓皮。鼓壁中部髹黑漆，并朱绘变形虺纹，间绘银白色回纹。漆木鼗鼓形制较小，为扁圆形并附圆形木柄，髹黑漆，并以朱色、黄色彩绘纹饰，具楚文化风格。绍兴 306 号墓铜屋模型中有伎乐人手抚四弦琴形象。江西贵溪崖墓出土有两件木琴[157]，形体长而扁，全长 166 厘米，琴面平整，琴背呈凹面，前后端各有一道横凸边，隔成长方形音箱。琴首近鱼尾状，两行共 13 个弦孔。这种十三弦木琴具有越文化的特征。河南固始侯古堆勾敔夫人墓出土 6 件漆雕木瑟，呈长方形，正面微隆起，两端近首尾边处稍薄，正面首尾均留有19 个弦孔，尾端面板上刻有十蛇盘绕。在蛇身之间凿五个插入绕弦柱的方孔。绕弦柱的顶部为兽首形。面板四周髹黑漆，中间素面。

　　舟舆主要有独木舟、车舆、肩舆等交通工具。独木舟是吴越两国的水上交通工具。江苏武进淹城内河出土四条独木舟[158]，均用整段楠木凿成，舟身留有清晰的凿痕。完整的一条舟长 11 米，宽 0.9 米，底宽 0.56 米，深 0.45 米。舟形如梭，两端稍窄，中间略宽。有两条独木舟呈尖头敞尾，前端尖而翘，船尾宽而平，两侧船舷各有 5～6 个孔眼。长 4.22 米，中间宽 0.32 米，尾部宽 0.69 米，深 0.45 米。这种独木舟尾部无封板，航行时人坐在船首，敞尾翘在水面之上。江苏宜兴西渚吾桥先后出土 16 只独木舟，其中一只较完整的独木舟[159]，残长 8.5 米，中部宽 73 厘米，深 32 厘米。首尾稍上翘，船舷口有一排间距不等的椭圆形小孔，船内侧左右各有一块用木榫钉牢的木板。这只独木舟经 ^{14}C 测定，年代距今约 2480 年，属春秋晚期。车舆和肩舆是陆路交通工具。吴越地区的考古发现，证明至迟在西周时期已经出现独辀马车。江苏丹徒母子墩西周墓内出土有挂车舆前帷幔用的挂钩，可见当时已有木质车舆。由于木质易朽，至今尚未发现完整实物。丹徒北山顶和王家山春秋晚期墓内，都在舌、辖等车器附近发现红色、黑色或赭色漆片残迹，可能为车舆的残件。肩舆是古代的一种代步工具。1978～1979 年，河南固始侯古堆 1 号墓陪葬坑出土肩舆三乘，整个肩舆由底座、边框、立柱、栏杆、顶盖、舆杆、抬杆等部分组成，从其形制来看可分屋顶式和伞顶式两种。两乘屋顶式肩舆的结构、形制及大小基本相同。通高 1.23 米，底座长 1.34 米，宽 0.94 米。底座周围有栏杆和立柱，顶盖仿四面起坡的屋顶形式。舆身原施围帷幔，前开门，舆底铺竹篾编席。舆杆捆绑在底

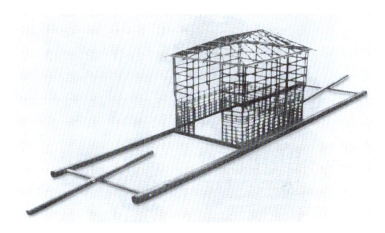

图四三　肩舆复原（固始侯古堆大墓出土）

座两侧，舆杆前后各置一抬杆（图四三）。伞顶式肩舆出土时顶盖已塌落，高度不明。底座为方形，边长90厘米。底座周围为木制小方格栏杆，四角有立柱，上有横木连接，顶盖为六个盖弓式伞骨支撑的伞盖，中间立圆形木柱，底座和上沿均以透雕铜饰镶嵌扣合，舆杆两端皆套装铜饰构件，抬杆两端都安有兽形铜饰包头。三乘肩舆外表髹黑漆，保存基本完好。该墓为勾敔夫人墓，三乘肩舆应是勾敔夫人生前乘坐的肩舆实物。

　　丧葬用品主要有独木棺和木质明器。独木棺是具有吴越文化特色的葬具。浙江绍兴印山越国王陵出土一具独木棺，是把一巨型圆木一剖为二，再经掏挖而成。棺长6.05米，宽1.12米，棺内深0.4米，两端未发现挡板结构。棺底两端各伸出一段凸榫，以便于抬运。棺下置三根方形垫木。棺外和垫木均髹黑漆。1988年江苏苏州长桥新塘1号战国墓出土一具独木棺[160]，

图四四　彩绘漆棺纹饰残片（苏州真山大墓出土）

棺长 2.70 米，宽 0.80 米，高 0.78 米，为一整段原木刳空，两头插入隔板。江苏苏州真山大墓木质棺椁葬具皆朽，仅存漆皮。经对漆皮样品的揭取，此墓的棺椁结构为七棺二椁，椁板正背两面均髹漆，正面为黑色，背面为红色，七棺的棺盖均为彩绘兽面纹，系在里漆上用红、白两色绘制同心圆纹、窃曲纹和变形云纹，分别代表眼圈、眉、鼻等，图案神奇瑰丽（图四四）。越族有随葬木质明器的习俗。苏州新塘 6 号墓出土一柄木剑，剑身较平直，剑身末端有圆茎，无格无首，这是仿青铜剑制作的明器。出土时木剑与削、匕、梭、绕线板、木琴等一起放置在独木棺的棺盖上。这一埋葬习俗与江西贵溪崖墓中出土的情况极为相似。

（六）丝麻织物及其他

吴越地区是我国最早生产丝织品的地区，早在新石器时代良渚文化时期就出现绢片、丝带和丝线等丝织品。春秋时期，吴越两国织造丝织品已达到相当高的水平。据《左传·襄公二十九年》记载：吴公子季札北聘中原，曾赠郑国子产以"缟带"。《说苑·正谏》记载晋叔向使吴时，吴人"有绣衣而豹裘者，有锦衣而狐裘者"。考古出土的吴越遗物中，保存下来的丝织品实物较少。1979年江西贵溪崖墓4号墓死者身上有12层绢片，有深色和棕色两种，经鉴定其原料为家蚕丝，单层平纹组织，经纬密度经纱为60根/厘米，纬纱为26根/厘米。经线宽0.12～0.15毫米，纬线宽0.18～0.20毫米，纱线无拈。在江苏丹徒北山顶墓内人骨架上下及两侧有一层灰白色丝织物痕迹，可能为丝织服饰或丝织物包裹遗迹。该墓出土的车軎上也留有丝织物痕迹。东周时期吴越贵族的青铜剑的格、首之间的茎上缠绕丝织物，称为"缑"。越王不寿剑丝织缠缑保存完整，系用丝绳作人字纹编结，在近剑首处作平缠，其余部位均作菱形交叉缠缚。在漆剑鞘外也包缠丝织物。湖北江陵望山1号墓出土的青铜剑的漆剑鞘外也包缠锦带[161]。

吴越之地的葛麻多采而作丝、织而成布。《淮南子·原道训》："于越生葛绤"。《越绝书》卷第八记载："葛山者，勾践罢吴，种葛，使越女织治葛布，献于吴王夫差。"《吴越春秋·勾践归国外传》记载，越王勾践"使国中男女入山采葛，以作黄丝之布"，并"使大夫种索葛布十万"献吴王。可见春秋晚期越国织造葛布较为发达。江西贵溪崖墓出土一批麻织品，包括麻布和苎布，都系垫尸之物。这批麻织品的原料主要是江西盛产的大麻和苎麻。麻布有黄褐、深棕、浅棕等三色，均系平纹组织。其中黄褐色麻布经纬密度为经线 12 根/厘米，纬线 8 根/厘米。经线宽 0.8～1.2 毫米，纬线宽 0.7～1.4 毫米。经线二拈，纬线无拈。深棕色麻布经纬密度为经线 8 根/厘米，纬线 12～14 根/厘米。经线宽 0.3～0.5 毫米，纬线宽 0.6～0.8 毫米。经、纬线均二拈。浅棕色麻布经纬密度为经线 10 根/厘米，纬线 14 根（双根）/厘米。经线宽 0.3～0.4 毫米，纬线宽 0.4～0.5 毫米。经、纬线均为二拈。苎布呈土黄色。经纬密度为经线 14 根/厘米，纬线 12 根/厘米。投影宽度为经线 0.6～0.8 毫米，纬线 0.6～0.9 毫米。经线二拈，纬线无拈。其中深棕色麻布和土黄色苎布保存较好，尚有拉力。此外，该墓还出土了好几块印花织物，为印有银白色花纹的深棕色苎麻布，是目前所见最早的双面印花苎麻织品。江苏丹徒北山顶出土的铜鼎、缶上面，留有覆盖麻布留下的痕迹，每平方米经纬为 9×9 至 9×10，比较粗疏。江苏六合和仁东周墓出土的一件刻纹匜外包裹着一层织物，经上海纺织科学院鉴定为麻布，系苎麻纤维，密度经向 24 根/厘米，纬向 20 根/厘米，丝的投影宽度经丝 0.4～0.6 毫米，纬丝 0.5～0.6 毫米[162]。

在考古发现的吴国墓葬中，先后在丹徒磨盘墩和苏州真山大墓发现大批海贝。其中磨盘墩墓出土海贝 178 枚，真山大墓出土海贝 1160 枚，另有玉贝 122 枚。这些海贝背面经过磨制，长度在 1.5～2.5 厘米之间。玉贝是孔雀石和绿松石仿制的，形状与海贝相似，形体略小，正面中部略为隆起，中间刻有一条纵向细槽，似贝唇，但无齿痕，细槽两端各有一穿，背部平整。这些海贝和玉贝应是春秋晚期吴国的流通货币[163]。

吴越文化遗物中，还有骨器及动植物遗存。骨器有骨笄和骨管饰等。江苏丹徒大港烟墩山 2 号墓出土骨笄呈圆棒形，制作精细。浙江衢州西山西周土墩墓出土骨管饰 14 件，呈半管状，两端各钻一孔，孔外侧刻弦纹两道。宁镇地区吴国土墩墓内常见动物骨骸及蛋类。江苏句容浮山果园土墩墓出土原始瓷器内，盛有粮食和禽、鱼、兽类的残骨以及蛋壳等，经鉴定，其中有禽鸟骨、属鲤科的鱼骨、偶蹄兽类的趾骨，还有鸭蛋壳和鸡蛋壳[164]。江苏溧阳竹箦下土墩墓内出土的印纹陶罐内也盛放有鸡蛋和鸭蛋[165]。

注　释

［1］曾昭燏、尹焕章《古代江苏历史上的两个问题》，《江苏省出土文物选集》，文物出版社 1963 年版。

［2］马承源《长江下游土墩墓出土青铜器的研究》，《上海博物馆集刊》第 4 期。

［3］浙江省文物管理委员会《浙江长兴县出土的两件铜器》，《文物》1960 年第 7 期。

［4］浙江安吉县博物馆《浙江安吉出土商代铜器》，《文物》1986 年第 2 期。

［5］王士伦《记浙江发现的铜铙、釉陶钟和越王石矛》，《考古》1965 年第 5 期。

［6］［清］王杰编《西清续鉴》甲编。

［7］曹锦炎《吴王寿梦之子剑铭文考释》，《文物》2005 年第 2 期。

［8］安徽省文化局文物工作队《安徽淮南市蔡家岗赵家孤堆战国墓》，《考古》1963 年第 4 期；商承祚《“姑发臂反”即吴王“诸樊”别议》，《中山大学学报》（社会科学版）1963 年第 3 期；商承祚《“姑发臂反剑”补说》，《中山大学学报》（社会科学版）1964 年第 1 期。

［9］沂水县文物管理站《山东沂水县发现工虘王青铜剑》，《文物》1983 年第 12 期。

[10] 王步毅《安徽霍山县出土吴蔡兵器和车马器》,《文物》1986 年第 3 期。

[11] 陈万千《湖北谷城县出土"攻卢王虿戉此邻"剑》,《考古》2000 年第 4 期。

[12] 南京市博物馆、六合县文教局《江苏六合程桥东周三号墓》,《东南文化》1991 年第 1 期。

[13] 朱俊英、刘信芳《攻卢王姑发邸之子曹鲐剑铭文简介》,《文物》1998 年第 6 期。

[14] 秦士芝《盱眙县王庄出土春秋吴国铜匜》,《文物》1988 年第 9 期。

[15] 晋华《山西榆社出土一件吴王姑发剑》,《文物》1990 年第 2 期。

[16] 张颔《万荣出土错金鸟书戈铭文考释》,《文物》1962 年第 4、5 期合刊。

[17] 南京博物院《南京博物院藏青铜器》,文物出版社 1977 年版;周晓陆《吴〈伯刺戈〉读考——兼谈〈邘王是埜戈〉》,《南京博物院集刊》第 8 期。

[18] 薛文灿、崔耕《新郑县出土铜剑、铜戈简报》,《中原文物》1982 年第 4 期。

[19] 安徽省文物管理委员会、安徽省博物馆《寿县蔡侯墓出土遗物》,科学出版社 1956 年版。

[20] 中国社会科学院考古研究所编著《殷周金文集成》,中华书局 1994 年版。

[21] 戴遵德《原平峙峪出土的东周铜器》,《文物》1972 年第 4 期。

[22] 马道阔《安徽庐江发现吴王光剑》,《文物》1986 年第 2 期。

[23] 刘平生《安徽南陵县发现吴王光剑》,《文物》1982 年第 5 期;刘雨《关于安徽南陵吴王光剑铭释文》,《文物》1982 年第 8 期。

[24] 绍兴市文管会《绍兴发现两件钩镶》,《考古》1983 年第 4 期;沙孟海《配儿钩镶考释》,《考古》1983 年第 4 期。

[25] 邹安编《周金文存》。

[26]《商周金文录遗》。

[27] 安徽省文化局文物工作队《安徽淮南市蔡家岗赵家孤堆战国墓》,《考古》1963 年第 4 期。

[28]《中国美术全集·工艺美术篇·青铜器(下)》。

[29] 襄阳首届亦工亦农考古训练班《襄阳蔡坡 12 号墓出土吴王夫差剑等文物》,《文物》1976 年第 11 期。

[30] 崔墨林《河南辉县发现吴王夫差铜剑》,《文物》1976 年第 11 期。

[31] 洛阳市文物工作队《洛阳 CIM3352 出土吴王夫差剑等文物》,《文物》1992 年第 3 期。

[32] 胡新立《山东邹县发现一件吴王夫差剑》，《文物》1993 年第 8 期。

[33] 王恩田《吴王夫差剑及其辨伪》，《吴文化研究论文集》，中山大学出版社 1988 年 8 月版。

[34] 于省吾《双剑誃古器物图录》。

[35] 陈梦家《禺邗王壶考释》，《燕京学报》第 21 期。

[36] 江苏省文物管理委员会、南京博物院《江苏六合程桥东周墓》，《考古》1965 年第 3 期。

[37] 北京市文物组《海淀区发现春秋时代铜器》，《文物参考资料》1958 年第 5 期。

[38] 韩伟、曾明檀《陕西凤翔高王寺战国铜器窖藏》，《文物》1981 年第 1 期。

[39] 固始侯古堆一号墓发掘组《河南固始侯古堆一号墓发掘简报》，《文物》1981 年第 1 期。

[40] 浙江省博物馆《浙江文物》，浙江人民出版社 1987 年版。

[41] 楚文物展览会《楚文物展览图录》，北京历史博物馆 1954 年 10 月出版；商承祚：《鸟书考》，《中山大学学报》1964 年第 1 期。

[42] 湖北省文化局文物工作队《湖北江陵三座楚墓出土大批重要文物》，《文物》1966 年第 5 期。

[43] [清] 吴式芬《捃古录金文》。

[44] [清] 道光七年《武康县志》。

[45] [清]《奇觚室吉金文述》。

[46] 同 [43]。

[47] 容庚《鸟书三考》，《燕京学报》第 23 期。

[48] 湖北省荆州地区博物馆《江陵雨台山楚墓》，文物出版社 1984 年版。

[49] 洛阳市文物工作队《河南洛阳发掘一座战国墓》，《考古》1989 年第 5 期。

[50] 同 [27]。

[51] 罗振玉《贞松堂集古遗文续编》下。

[52] 同 [20]。

[53] 黄光新《安庆王家山战国墓出土越王丌北古剑等器物》，《文物》2000 年第 8 期。

[54] 荆州地区博物馆《湖北江陵藤店一号墓发掘简报》，《文物》1973 年第 9 期。

[55] 湖南省博物馆、益阳县文化馆《湖南益阳战国两汉墓》，《考古学报》1981 年第 4 期。

[56] 杨权喜《江汉地区发现的商周青铜器——兼述楚文化与中原文化的关系》，《中国考古学会第三次年会论文集》，文物出版社 1984 年版。

[57]《天壤阁杂记》。

[58]《长沙古物闻见记》卷下。

[59] 同［47］。

[60] 曹桂岑等《淮阳县平粮台四号墓发掘简报》，《河南文博通讯》1980 年第 1 期。

[61] 宋永祥《安徽郎溪县发现的西周铜鼎》，《文物》1989 年第 10 期。

[62] 吴县文物管理委员会《江苏吴县何山东周墓》，《文物》1984 年第 5 期。

[63] 李学勤《论安吉、长兴的商代青铜器》，《东方博物》第 1 辑。

[64] 王世民、陈公柔、张长寿《西周青铜器分期断代研究》，文物出版社 1999 年版。

[65] 安徽省博物馆《安徽省志·文物志》图版 38，文物出版社 1994 年版。

[66] 中国青铜器全集编辑委员会《中国青铜器全集·东周 5》图版 20，文物出版社 1997 年版。

[67] 热河省博物馆筹备组《热河凌源县海岛营子村发现的古代青铜器》，《文物参考资料》1955 年第 8 期。

[68] 肖梦龙《吴国青铜器研究》，《东方文明之韵——吴文化国际学术研讨会论文集》，岭南美术出版社 2000 年版。

[69] 河南省文物研究所《淅川下寺春秋楚墓》，文物出版社 1991 年版。

[70] 容庚、张维持《殷周青铜器通论》，科学出版社 1958 年版。

[71] 惠民地区文物普查队、阳信县文化馆《山东阳信城关镇西北村战国墓器物陪葬坑清理简报》，《考古》1990 年第 3 期。

[72] 倪振逵《淹城出土的铜器》，《文物》1959 年第 4 期。

[73] 李蔚然《南京发现周代铜器》，《考古》1960 年第 6 期。

[74] 江西省历史博物馆、靖安县文化馆《江西靖安出土春秋徐国铜器》，《文物》1980 年第 8 期。

[75] 陈佩芬《吴王夫差盉》，《上海博物馆集刊》第 7 期，上海古籍出版社 1996 年版。

[76] 曹锦炎、周生望《浙江鄞县出土春秋时代铜器》，《考古》1984 年第 8 期。

[77] 牟永抗《绍兴 306 号越墓刍议》，《文物》1984 年第 1 期。

[78] 马承源《关于翏生盨和者减钟的几点意见》，《考古》1979 年第 1 期。

[79] 南京博物院《江苏高淳县顾陇、永宁土墩墓发掘简报》，《文物资料丛刊》

第 6 辑，文物出版社 1992 年版。

［80］南京市文化局、南京市文物局《南京文物精华·器物编》184 页，上海人民美术出版社 2000 年版。

［81］刘政《安徽广德青铜句镶初探》，《东南文化》1994 年第 1 期。

［82］邹厚本《青铜“鸠杖”辨析》，《吴越地区青铜器研究论文集》，香港两木出版社 1997 年版。

［83］同［40］。

［84］沈作霖《绍兴发现青铜鸠杖》，《中国文物报》1990 年 11 月 15 日。

［85］南波《介绍一件青铙》，《文物》1975 年第 8 期。

［86］浙江省文物管理委员会《浙江长兴出土的两件铜器》，《文物》1960 年第 7 期。

［87］青阳县文物管理所《安徽青阳县龙岗春秋墓的发掘》，《考古》1998 年第 2 期。

［88］浙江省文物考古研究所、绍兴县文物保护管理所《浙江绍兴印山大墓发掘简报》，《文物》1999 年第 11 期。

［89］肖梦龙《镇江博物馆藏商周青铜器》，《东南文化》1988 年第 5 期。

［90］同［89］。

［91］同［89］。

［92］曹锦炎《浙江出土商周青铜器初探》，《东南文化》1989 年第 6 期。

［93］同［92］。

［94］商承祚《“王子秋戈”考及其它》，《学术研究》1962 年第 3 期。

［95］董楚平《吴越徐舒金文集释》第 122～131 页，浙江古籍出版社 1992 年版。

［96］南京博物院、南京市文物保管委员会《江苏出土文物选集》，文物出版社 1963 年版。

［97］南京博物院《江苏六合程桥二号东周墓》，《考古》1974 年第 2 期。该简报称“南部出现长 1.03 米涂黑漆的木柲痕迹”，今据平面示意图比例尺实测，应长 1.30 米。

［98］冯普仁《吴国青铜兵器初探》，《中国考古学会第四次年会论文集》，文物出版社 1985 年版。

［99］同［5］。

［100］荆州地区博物馆《江陵天星观 1 号楚墓》，《考古学报》1982 年第 1 期。

［101］湖北省博物馆《随县曾侯乙墓》，文物出版社 1980 年版。

［102］同［90］。

[103] 谭德睿、廉海萍等《东周铜兵器菱形纹饰技术研究》,《考古学报》2000
年第1期;《吴越青铜兵器技术三绝》,《东方文明之韵——吴文化国际学
术研究会论文集》,岭南美术出版社2000年版。

[104] 夏星南《浙江长兴县发现吴越楚铜剑》,《考古》1989年第1期。

[105] 陈文华《试论我国农具史上的几个问题》,《考古学报》1981年第4期。

[106] 苏州博物馆考古组《苏州城东北发现东周铜器》,《文物》1980年第8期。

[107] 廖志豪、罗保芸《苏州葑门河道内发现东周青铜文物》,《文物》1983年
第2期。

[108] 冯普仁《无锡北周巷青铜器》,《考古》1981年第4期。

[109] 江苏省文物管理委员会、南京博物院《江苏六合程桥东周墓》,《考古》
1965年第3期;南京博物院:《江苏六合程桥二号东周墓》,《考古》1974
年第2期。

[110] 安徽省博物馆《安徽贵池发现东周青铜器》,《文物》1980年第8期。

[111] 周燕儿《试述绍兴新出土的越国青铜器》,《东南文化》1995年第2期;
沈作霖《绍兴出土的越国青铜器》,《百越民族研究》,江西教育出版社
1990年版。

[112] 夏星南《浙江长兴发现东周遗物》,《考古学集刊》第5集,中国社会科学
出版社1987年版。

[113] 徐湖平主编《南京博物院艺术陈列馆古代青铜器》20页。

[114] 彭云《绍兴西岸头遗址出土一件春秋铜构件》,《文物》1993年第8期。

[115] 刘兴《谈镇江地区出土青铜器的特色》,《文物资料丛刊》第5辑。

[116] 陈永年《对吴国称量货币——青铜块的探讨》,《中国钱币》1983年第3
期。

[117] 同[116]。

[118] 同[116]。

[119] 陈兆弘《昆山盛庄青铜器熔铸遗址的考察》,《苏州文物资料选编》,1980
年。

[120] 陈浩《建国以来浙江先秦货币的发现和相关问题的探讨》,《浙江金融·钱
币专辑》,1986年。

[121] 同[120]。

[122] 同[120]。

[123] 戴志强《江南行随笔三则——曹魏五铢、十国吴越铅开元钱和早期青铜货
币的考察》,《中国钱币》1997年第3期。

［124］同［123］。

［125］同［123］。

［126］邹厚本《吴县五峰山石室土墩遗址》，《中国考古学年鉴（1984）》，文物出版社1984年版。

［127］同［92］。

［128］南京市博物馆、南京大学历史系《江苏江浦蒋城子遗址》，《东南文化》1990年第1、2期合刊。

［129］沈作霖《绍兴出土的春秋战国文物》，《考古》1979年第5期。

［130］沈作霖《古代越国的农耕工具》，《农业考古》1984年第2期。

［131］徐定水《浙江永嘉出土的一批青铜器简介》，《文物》1980年第8期。

［132］王振华《古越阁藏商周青铜兵器》，台北古越阁1993年版。

［133］浙江省文物管理委员会、浙江省文物考古所《绍兴306号战国墓发掘简报》，《文物》1984年第1期。

［134］同［97］。

［135］陈晶、陈丽华《江苏江阴大松墩土墩墓》，《文物》1983年第11期。

［136］吴县文物管理委员会《江苏吴县春秋吴国玉器窖藏》，《文物》1998年第11期。

［137］苏州博物馆《真山东周墓地——吴楚贵族墓地的发掘与研究》，文物出版社1999年版。

［138］绍兴县文物保护管理所《浙江绍兴凤凰山战国木椁墓》，《文物》2002年第2期。

［139］同［88］。

［140］殷志强《中国古代玉器》，上海文化出版社2000年版。

［141］殷志强、丁邦钧主编《东周吴楚玉器》，台北艺术图书公司1993年版。

［142］马时雍主编《杭州的考古》，杭州出版社2004年版。

［143］江苏省丹徒考古队《江苏丹徒北山顶春秋墓发掘报告》，《东南文化》1988年第3、4期合刊。

［144］王士伦《记浙江发现的铜铙、釉陶钟和越王石矛》，《考古》1965年第5期。

［145］同［138］。

［146］杨楠《论商周时期原始瓷器的区域特征》，《文物》2000年第3期。

［147］沈作霖《绍兴出土的春秋战国文物》，《考古》1979年第5期。

［148］周燕儿、符杏华《浙江绍兴县出土一批原始青瓷器》，《江西文物》1990

年第 1 期。

[149] 沈德祥《浙江余杭宗贤战国墓》,《东南文化》1989 年第 6 期。

[150] 同 [136]。

[151] 浙江省文物考古研究所、海盐县博物馆《浙江海盐出土原始瓷乐器》,《文物》1985 年第 8 期。

[152] 陈晶《中国长江下游新石器时代木器的应用》,《华夏考古》1994 年第 1 期。

[153] 绍兴县文物管理委员会《绍兴凤凰山木椁墓》,《考古》1976 年第 6 期。

[154] 固始侯古堆一号墓发掘组《河南固始侯古堆一号墓发掘简报》,《文物》1981 年第 1 期。

[155] 青阳县文物管理所《安徽青阳县龙岗春秋墓的发掘》,《考古》1998 年第 2 期。

[156] 苏州博物馆《苏州新庄东周遗址试掘简报》,《考古》1987 年第 4 期。

[157] 江西省历史博物馆、贵溪县文化馆《江西贵溪崖墓发掘简报》,《文物》1980 年第 11 期。

[158] 赵玉泉《武进淹城遗址出土春秋文物》,《东南文物》1989 年第 4、5 期合刊。

[159] 谈鹤鸣《宜兴吾桥出土独木舟及其意义》,《无锡文博》1990 年第 4 期。

[160] 苏州博物馆《苏州市长桥新塘战国墓地的发掘》,《考古》1994 年第 6 期。

[161] 湖北省文化局文物工作队《湖北江陵三座楚墓出土大批重要文物》,《文物》1966 年第 5 期。

[162] 吴山菁《江苏六合县和仁东周墓》,《考古》1977 年第 5 期。

[163] 朱伟峰《真山吴王墓出土春秋吴国钱币刍议》,《东方文明之韵——吴文化国际学术研讨会论文集》,岭南美术出版社 2000 年版。

[164] 南京博物院《江苏句容县浮山果园西周墓》,《考古》1977 年第 5 期。

[165] 刘兴《吴国农业考略》,《农业考古》1982 年第 2 期。

五 结束语

　　源远流长的中华文化，自古便是由不同地区的地域文化经长期的交流融合组成。地处长江下游的吴越文化，以其清雅灵秀、纤丽华美的文化特色，成为中华文化形成进程中的重要组成部分。

　　传统史观认为中国文明起源于黄河流域，商周以前的古吴越地区尚属蛮荒之地。《史记·货殖列传》记载："楚越之地，地广人稀，饭稻羹鱼，或火耕而水耨。"楚越之地文化落后是史学界传统的看法。20 世纪长江下游考古学的发展，吴越文化考古获得了重要的成果。这一地区新石器时代文化的发现，将古吴越的历史上溯到 7000 多年以前，而太湖三山文化的发现，将吴地文化上推到 1 万年前。早在吴越两国立国之前，这一地区的良渚文化被学术界称为"文明曙光"。大量的考古发现证明，长江下游地区和黄河流域同是中华文化的发源地，是中国悠久传统文化的重要源头之一。苏秉琦先生将长江下游地区列为中国六大古文化区之一，并指出这一地区是"我国重要的古文化中心之一"[1]。

　　由长江下游地区发展起来的吴越文化是中国古代文明的重要组成部分。吴越文化遗存内涵丰富，不但有独特的城市建设、先进的矿冶遗存以及葬俗特殊的土墩墓、石室土墩墓群，而且青铜冶铸、冶铁、琢玉、陶瓷、髹漆等手工业都较为发达，特别是东周时期吴越两国精湛锋利的青铜铸剑更是冠绝于世。吴越文化丰富多彩的物质文化遗存，展示了吴越两国文化发展的面貌。它与中原文化和列国文化相互辉映，形成东周文化史上前所未有的繁华绚丽的局面。

吴越文化的研究自 20 世纪 30 年代正式命名以来，经历了将近 70 年的历史。在这期间特别是最近 20 多年来，江、浙、皖、沪等省市的考古工作者开展了大量的考古调查、发掘工作和学术研究。其中对吴越地区土墩墓和石室土墩墓的发掘与研究工作尤为突出，其次是对吴越古城址、陶瓷窑址以及矿冶遗址的调查和发掘。90 年代苏州真山墓和绍兴越国王陵的先后发掘，揭开了吴越两国王室贵族的神秘面纱，为进一步探索吴越文化开创了新局面。目前学术界对商周时期吴越文化的面貌及其发展序列基本上已取得共识，对吴越文化的渊源地也进行了初步的探讨，虽然学术界尚未取得一致的意见，但随着吴越文化考古的不断发展，无疑为推动吴越文化研究向纵深发展奠定了基础。

吴越文化考古是中国考古学的重要课题之一。70 年代末，苏秉琦先生在谈到吴越地区考古时指出：“吴县草鞋山、余姚河姆渡两处遗址是两个典型突破口，而常州、苏州、上海市郊、浙江的杭、嘉、湖地区诸遗址正好成为两者间的一系列连接站。除这些现正在手下的材料线索之外，还应跟踪追击：① 早于马家浜类型并与之有关的早期新石器—中石器时代的遗存；②继草鞋山上层那类原始文化遗存之后并与之衔接的我们称之为古‘吴越’的那类印纹硬陶、釉陶、青铜器的古遗址，在大量的这类遗址中去找规模较大的遗址。”[2]。1981 年 12 月，苏秉琦先生在中国考古学会第三次年会闭幕式上的讲话中，将长江下游新石器文化划分为皖南—宁镇、苏南、浙北杭嘉湖和浙东北宁绍平原四块，提出："着手进行更深入一步的探索：第一，在各自范围内，以多层次、内容丰富的重要遗址材料为基础，结合本地区范围内其他重要发掘地点材料进行综合编年和分期断代；第二，在此基础上对本地区范围内进行文化特征、性质的分析，或大的文化发展阶段划分；第三，在此基础上再同邻境地区每个比较确切的对应阶段对比，探讨它们之间的关系，影响及其相互作用，再次是本大区（片）同邻境其他大区（片）相互关系问题的探讨；最后，但不是次要的，是在这一片的几个地区内，根据近年比较可靠的分期编年材料，我们可以看到这里相当我国新石器末期——青铜时代早期衔接点的苗头，亟望同志们多加注意，希望不久的将来能够取得突破性的进展。因为这是我们研究吴越古文化问题的关键所在。"[3]实践证明，苏秉琦先生关于吴越地区的分区和考古学文化的探索，为寻找吴越文化的渊源以及从古吴越到吴越文化的发展序列，具有重要的指导意义。

20世纪吴越文化的发现和研究已经取得了可喜的成果，随着中国文明探源工程等课题的提出，吴越文化的研究必将在原有的基础上取得更加丰硕的成果。新世纪吴越文化考古的发展与进一步研究工作，下列几方面还可以深入开展：

第一，大力加强考古学的理论和体系的建设，进一步做好吴越文化区域类型工作，建立更加完善的吴越文化考古学时空框架。目前长江下游地区已分成皖南—宁镇、苏南、浙北和浙东北四块，加上浙南的金衢盆地和瓯江水系两块，共分成六块，各块在古文化面貌上存在着较大的差异。这种文化面貌上的差异，与文献记载的东夷、于越、干越、瓯越等不同族属有关。每一个区域内都要明确本区内商周时期的文化发展序列，然后以本区明确的吴文化或越文化的文化特征向早期阶段追溯，寻找本区内早晚文化之间的发展演变；同时在抓好各地区文化特征的分期研究的基础上，再进行纵向的跨时空、跨地域的研究，如城址、村落、窑址、矿冶遗址、墓葬等作专题研究，以探索各类遗存本身的发展演变，并分析吴越文化与中原和蔡、徐、楚等诸文化的交流和融合关系。在分区、分期研究中，必须紧密结合吴越两国疆域的变迁。根据文献记载，吴国疆域早晚的文化较为清楚，而越国疆域早晚的变化史籍记载欠详，尚待于考古学与历史文献学结合，进一步确定各个不同时期吴越两国的疆域范围，进而探索吴越文化的演变。

第二，大力加强吴越文化遗存和内涵的研究，深入研究吴越文化遗存，包括吴越两国的居住遗址、城址、窑址、矿冶遗址以及墓葬的考古调查、发掘与研究工作，特别要加强对吴越两国都城遗址以及附近王陵的调查发掘，探讨吴越建城的历史、形制、结构、规模等，同时要进一步调查吴越两国早期都城以及迁都等问题。

对于吴越文化内涵的研究，应该分别判明吴文化和越文化的典型特征，确定典型的吴器和越器。在吴越文化形成的过程中，吴文化和越文化存在着较大的差距，吴和越均有各自特有的器物，如吴器中的环耳鬲、鸳鸯形尊、飞鸟盖壶、三轮铜盘、角状器、五柱器、平脊剑、茎耳剑等，越器中的伎乐铜屋、羽人划船纹钺、"王"字铜矛、鸟翼形剑、矛等。部分器形制基本相同，但吴越两国仍表现出不同的特点，如吴越特有的青铜乐器勾鑃形制和纹饰基本相同，但根据吴越有铭勾鑃来看，吴器体腔狭长，器形较大；而越器则体腔宽短，器形较小。又如青铜鸠杖，吴器杖首鸟形作蹲伏状，越器鸟形作展翅欲飞状，柱身纹饰也略有不同。因此，在吴越文化遗物的研究中，应该注意区分国别。

第三，大力加强吴越文化考古的方法和手段的建设。多学科研究是当今考古学研究的新趋势。吴越文化研究的深入要有多学科的共同参与，形成以考古学为主体的，包括历史学、人类学、文化学、美学、社会学、地理学、地质学、生物学、物理学、化学等多学科的合作综合性研究。在一些重大项目的考古发掘和资料整理研究过程中，应该有多学科的专家协同参与，逐步建立并完善多学科合作研究模式。在考古学领域内，也要加强同先吴、先越时期史前文化课题研究的合作。要从更广阔的背景来观察吴越文化遗存，从吴越历史文化信息中来重新思考吴越文化遗存的变化，从中国文明起源以及与周边列国文化的比较研究中，深入探索吴越文化的形成与发展，进而研究吴越文明史的进展。

注　释

[1] 苏秉琦《关于考古学文化的区系类型问题》，《苏秉琦考古学论述选集》，文物出版社 1984 年版。

[2] 苏秉琦《略谈我国东南沿海地区的新石器时代考古》，《苏秉琦考古学论述选集》，文物出版社 1984 年版。

[3] 苏秉琦《在中国考古学第三次年会闭幕式上的讲话（提纲）》，《苏秉琦考古学论述选集》，文物出版社 1984 年版。

参考书目

史籍及其校注

1. 《穆天子传》，四部丛刊本，商务印书馆缩印本。

2. 《论语》，十三经注疏本，中华书局影印。

3. 《春秋左传注》，中华书局 1990 年版。

4. 《国语》，上海古籍出版社 1978 年版。

5. 《世本八种》，商务印书馆 1957 年版。

6. 《史记》，中华书局 1962 年版。

7. 《古本竹书纪年辑证》，上海古籍出版社 1981 年版。

8. 《绎史》，清康熙刻本。

9. 《周礼今注今译》，书目文献出版社 1985 年版。

10. 《吴越春秋》，江苏古籍出版社 1986 年版。

11. 《越绝书》，上海古籍出版社 1986 年版。

12. 《吴地记》，《景印元明善本丛书十种·古今逸史》，1937 年版。

论著与考古报告

13. 吴越史地研究会编《吴越文化论丛》，江苏研究社 1937 年版。

14. 南京博物院、南京市文物保管委员会等合编《江苏出土文物选集》，文物出版社 1963 年版。

15. 杨泓《中国古兵器论丛》（增订本），文物出版社 1980 年版。

16. 蒙文通《越史丛考》，人民出版社 1983 年版。

17. 苏秉琦《苏秉琦考古学论述选集》，文物出版社 1984 年版。

18. 南京博物院编《南京博物院》，文物出版社、日本讲谈社 1984 年版。

19. 上海博物馆编《上海博物馆》，文物出版社、日本讲谈社 1985

年版。

　　20. 彭适凡《中国南方古代印纹陶》，文物出版社 1987 年版。

　　21. 安徽省博物馆编《安徽省博物馆藏青铜器》，上海人民美术出版社 1987 年版。

　　22. 浙江省博物馆编《浙江文物》，浙江人民出版社 1987 年版。

　　23. 江苏省吴文化研究会编《吴文化研究论文集》，中山大学出版社 1988 年版。

　　24. 董楚平《吴越文化新探》，浙江人民出版社 1988 年版。

　　25. 李学勤《新出青铜器研究》，文物出版社 1990 年版。

　　26. 李学勤《东周与秦代文明》（增订本），文物出版社 1991 年版。

　　27. 董楚平《吴越徐舒金文集释》，浙江古籍出版社 1992 年版。

　　28. 王友三主编《吴文化史丛》，江苏人民出版社 1993 年版。

　　29. 王振华《古越阁藏商周青铜兵器》，台北古越阁 1993 年版。

　　30. 殷志强、丁邦钧主编《东周吴楚玉器》，台北艺术图书公司 1993 年版。

　　31. 南京博物院编著《北阴阳营——新石器时代及商周时期遗址发掘报告》，文物出版社 1993 年版。

　　32. 魏桥主编《国际百越文化研究》，中国社会科学出版社 1994 年版。

　　33. 苏秉琦《华人·龙的传人·中国人——考古寻根记》，辽宁大学出版社 1994 年版。

　　34. 张光裕、曹锦炎主编《东周鸟篆文字编》，香港翰墨轩出版有限公司 1994 年版。

　　35. 安徽省博物馆编《安徽省博物馆》，文物出版社、日本讲谈社 1994 年版。

　　36. 李学勤、徐吉军主编《长江文化史》，江西教育出版社 1995 年版。

　　37. 姚勤德、龚金元《吴国王室玉器》，上海人民美术出版社 1996 年版。

38. 梁白泉、徐湖平主编《吴越文化》，商务印书馆（香港）有限公司 1997 年版。

39. 李学勤《走出疑古时代》（修订本），辽宁大学出版社 1997 年版。

40. 马承源主编《吴越地区青铜器研究论文集》，香港两木出版社 1997 年版。

41. 董楚平、金永平等《吴越文化志》，上海人民出版社 1998 年版。

42. 方杰主编《越国文化》，上海社会科学出版社 1998 年版。

43. 李学勤《缀古集》，上海古籍出版社 1998 年版。

44. 杨楠《江南土墩遗存研究》，民族出版社 1998 年版。

45. 江苏省地方志编纂委员会《江苏省志·文物志》，江苏古籍出版社 1998 年版。

46. 施谢捷《吴越文字汇编》，江苏教育出版社 1998 年版。

47. 常州市博物馆编《常州文物精华》，文物出版社 1998 年版。

48. 浙江省文物考古研究所编《纪念浙江省文物考古研究所建所二十周年论文集》，西泠印社 1999 年版。

49. 本社编《新中国考古五十年》，文物出版社 1999 年版。

50. 浙江省文物考古研究所编《浙江考古精华》，文物出版社 1999 年版。

51. 苏秉琦《中国文明起源新探》，生活·读书·新知三联书店 1999 年版。

52. 苏州博物馆《真山东周墓地——吴楚贵族墓地的发掘与研究》，文物出版社 1999 年版。

53. 谢忱《勾吴史新考》，中国文联出版社 2000 年版。

54. 徐湖平主编《东方文明之韵——吴文化国际学术研讨会论文集》，岭南美术出版社 2000 年版。

55. 南京市文化局、南京市文化局主编《南京文物精华》（器物编），上海人民美术出版社 2000 年版。

56. 唐云俊《江苏文物古迹通览》，上海古籍出版社 2000 年版。

后 记

　　吴越文化的研究，从 20 世纪 30 年代正式命名起，已有近七十年的历史。伴随着中国考古学的发展，吴越文化考古发现与研究取得了显著的成绩，特别是 90 年代以来吴越两国贵族墓和越王陵的发掘，揭开了昌盛一时的东南霸主吴越两国的神秘面纱，为探索吴越文化开创了新局面。然而，由于吴越两国早期文献史料的缺乏和考古工作的局限，吴越文化研究还存在着许多不足，尤其在文化渊源、太伯奔吴、族属、都城迁徙以及石室土墩等诸多问题上，众说纷纭，有待于进一步探讨。在中国先秦文化研究领域中，吴越文化的研究落后于楚文化、晋文化、齐鲁文化等考古学文化的研究。

　　20 世纪末，应国家文物局《20 世纪中国文物考古发现与研究丛书》编辑委员会之约，从拟定编写提纲到完成书稿，几经寒暑，才定稿成书。鉴于 20 世纪后半叶吴越文化的发现和研究内容十分丰富，本书力求全面综述 20 世纪吴越文化考古工作的重要发现及研究成果，并反映吴越文化学科发展史和学术研究的历程。在体例上，已出《丛书》中的几册，分别按考古学文化、社会生产与社会生活以及划分时期三种不同体例撰写，拙稿采取以考古学文化因素分列篇目，与《楚文化》

一书体例基本相同。

本书的出版，特别要感谢《20世纪中国文物考古发现与研究丛书》执行主编朱启新先生的热忱指导和支持。文物出版社窦旭耀先生为拙稿的编辑出版付出了大量精力。在写作过程中，中国社会科学院考古研究所任式楠、南京博物院徐湖平院长、邹厚本、殷志强、车广锦、镇江博物馆肖梦龙、常州市博物馆陈丽华、浙江省文物考古研究所王明达、浙江省社会科学院历史研究所林华东诸先生惠示有关论著资料，给予很多帮助，无锡市博物馆赵祥伦先生协助制作彩色图版，并得到了无锡市海得印务有限公司朱一明先生、张红建先生的大力帮助，在此一并表示诚挚的谢意！

我对吴越文化的兴趣始自20世纪80年代初，在这之前一直在中国科学院考古研究所（今中国社会科学院考古研究所）从事隋唐两京都城考古工作，70年代中期调到无锡后，才开始关注吴越文化研究。限于笔者的学识，书中不当和疏漏之处在所难免，恳请学术界同仁不吝赐教。

冯普仁

2006年2月于无锡

图书在版编目（CIP）数据

吴越文化/冯普仁著． --北京：文物出版社，2007.4
（2020.11重印）

（20世纪中国文物考古发现与研究丛书）

ISBN 978-7-5010-1794-2

Ⅰ.吴… Ⅱ.冯… Ⅲ.吴文化-考古-研究-中国
Ⅳ.K871.34

中国版本图书馆CIP数据核字（2005）第108656号

20世纪中国文物考古发现与研究丛书

吴越文化

著　　者　冯普仁

封面设计　张希广
责任印制　苏　林
责任编辑　窦旭耀
出版发行　文物出版社
社　　址　北京市东直门内北小街2号楼
网　　址　http://www.wenwu.com
邮　　箱　web@wenwu.com
印　　刷　文物出版社印刷厂有限公司
开　　本　850mm×1168mm　　1/32
印　　张　7.25
版　　次　2007年4月第1版
印　　次　2020年11月第2次印刷
书　　号　ISBN 978-7-5010-1794-2
定　　价　40.00元